KB064255

나는 뷰티 크리에이터를 꿈꾼다

신채원, 이용태 지음

BOOK STAR

머리말

이 책을 펼치는 순간 당신은 이미 성공한 유튜버입니다.

유튜브, 인스타그램, 페이스북와 같은 SNS는 이제 우리의 일상이 되었고 나아가 긱 경제 (Gig Economy) 시대에 걸맞은 수익 수단으로서도 각광을 받고 있습니다. 이러한 문화적 이슈 속에 우리는 SNS를 통해 정보를 얻고 생면부지의 사람들과 소통하며 더 나아가 자신만의 크리에이티브한 콘텐츠를 통해 엄청난 수익 창출을 할 수 있는 기회의 시대에 살고 있습니다.

누군가는 이런 말을 합니다. 유튜브와 같은 1인 미디어 시대는 이미 레드오션이기 때문에 새로운 플랫폼을 찾아 대비하라고 말이죠. 맞는 말입니다. 유튜브는 이미 오래전부터 레드오션이었으니까요. 하지만 레드오션이라고 다 같은 레드오션이 아닐 것입니다. 유튜브 레드오션은 끝없이 무한대로 타오르는 태양과 같습니다. 태양의 무한한 열기처럼 유튜브 레드오션은 우리가 예측할 수 없는 미지를 향해 달려가고 있습니다.

그동안 유튜브는 많은 진화를 하였고, 유튜브에서 볼 수 있는 콘텐츠 또한 매우 다양해졌습니다. 새로운 콘텐츠는 더 이상 없을 거란 우려에도 지속적으로 새로운 콘텐츠가 생성되고 있습니다. 그러나 지금의 콘텐츠는 양적인 면에서는 충족할 수는 있지만 질적인 면에서는 아직 태부족한 것이 현실입니다. 이러한 것이 바로 우리가 할 수 있는 것에 대한 무한함을 반증하는 것입니다.

당신은 당신만의 콘텐츠가 있습니까? 본 도서는 이러한 질문에 부합할 수 있는 해답을 드립니다. 필자는 뷰티 및 콘텐츠 제작 전문가라는 자신만의 능력을 발휘하여 본 도서를 특화하였습니다. 더욱 전문화되어야 하는 1인 미디어 콘텐츠 시대에서 살아남을 수 있는 것이 바로 자신의 전문성을 활용하여 보다 체계적이고 차별화된 콘텐츠를 제작하는 것이기 때문입니다. 본 도서는 헤어, 메이크업 등에 관심 있는 분들을 위한 정보를 통해 자신감이 충만할 수 있는 내용을 기술하였습니다.

그렇다고 본 도서가 뷰티 크리에이터가 되기 위한 책은 아닙니다. 본 도서는 유튜버가 되고자 하는 분들을 위한 보편적인 내용도 충분히 다루고 있기 때문에 모든 독자들에게 유용한 도서가 될 것이라 자부합니다. 영상 미디어 전공자가 아니라도 상관없습니다. 이 책이 바로 그런 분들을 위해 준비된 책이니까요.

이제 시작입니다. 이 책은 여러분의 든든한 길라잡이가 되어 드릴 것입니다.

본 도서를 집필할 수 있게 해 주신 광문각출판사 박정태 회장님과 화장품 협찬에 힘써 주신 바이서코스메틱 서성국 대표님께 진심으로 감사하다는 말 전합니다.

저자 신채원, 이용태

PART I. 누가 뭐래도 유튜브 시대

유튜브는 이제 시대와 세대를 초월한 하나의 언어이자 생태계이다. 유튜브로 다양한 정보를 얻고, 영화를 감상하고, 즐거운 놀이를 하며, 돈까지 벌 수 있다. 이제 유튜브를 통해 무엇이 여러분을 행복하게 하는지에 대해 투자를 할 때이다.

Chapter 01
유튜브, 선택 아닌 필수

유튜브, 이제 남들이 만든 콘텐츠를 보고만 있는 시대가 아닌 자신만의 콘텐츠를 제작하여 수익을 창출할 때이다. 유튜브 채널의 운영은 비대면 시대에 가장 이상적인 직업군으로 떠오르고 있다.

1. 크리에이터는 무엇인가?

크리에이터는 사전적 의미로 '창조자'라는 뜻이며, 유튜브와 같은 동영상 플랫폼에 자신이 제작한 동영상을 업로드하는 1인 방송 및 창작자를 일컫는 말로 쓰인다. 최근에는 유튜브의 사회적 반향에 힘입어 크리에이터란 말보다 '유튜버'란 말을 더 많이 쓰고 있다.

[그림 1-1] 다양한 분야의 유튜버(크리에이터)들의 모습

2. 콘텐츠 환경의 지각변동

불과 10여 년 전만 해도 방송, 즉 동영상 콘텐츠는 텔레비전과 극장에서 보는 것이 지배적이었다. 하지만 지금은 유튜브, 아프리카TV, 인스타그램, 페이스북, 카카오TV 그리고 OTT 기반의 넷플릭스, 웨이브, 왓차, 올레TV 등을 통해서 다양한 동영상 콘텐츠를 더 많이 보는 것으로 나타나고 있다. 그 중 유튜브는 누구나 콘텐츠를 제작하여 업로드할 수 있으며, 수익을 창출할 수 있어 다른 미디어 플랫폼들을 주도해 나가고 있다.

알아두기

미디어 플랫폼이란 무엇인가?

플랫폼은 기차에서 승객들이 타고 내리는 공간적 의미인데 지금은 특정 장치나 시스템 등에서 이를 구성하는 기초가 되는 틀 또는 골격을 지칭하는 용어로 사용되고 있다. 즉 각종 서비스의 기반이 되는 하드웨어나 소프트웨어 환경을 뜻하는 것으로, 미디어 플랫폼은 미디어 서비스나 콘텐츠가 구현되는 환경 또는 기반 시스템이나 서비스를 이용 가능하게 하는 토대를 말한다.

미디어 플랫폼은 단순히 TV나 스마트폰 같은 미디어 기기뿐만 아니라 기기를 구성하는 부품, 기기 간 연결을 가능하게 해주는 네트워크나 소프트웨어 등을 아우르는 개념이라고 볼 수 있다.

미디어 콘텐츠의 디지털화와 인터넷 통신망 기술의 발전으로 미디어 서비스와 콘텐츠를 다양한 기기, 즉 플랫폼들을 넘나들어 이용할 수 있게 되면서 최근에는 유튜브와 같은 네트워크를 중심으로 다양한 전송 플랫폼들이 융합되고 있다.

2.1 유튜브의 전성기를 알린 먹방

영국 콜린스 사전이 선정한 올해를 상징하는 10대 단어에 '먹방Mukbang'이 포함되었다. 우리나라의 신조어 먹방먹는 방송이 다른 나라에서도 고유명사로 사용되고 있다. 2009년 국내 1인 미디어 플랫폼인 아프리카TV에서 시작된 먹방은 지난 10여 년간 전 세계로 뻗어 나가 '신新한류'로 자리 잡았다.

사람들은 왜 먹방에 열광하는가? 영국 주간지 〈이코노미스트〉는 장기적인 경제 침체로 사람들 사이에 퍼져 있는 불안을 먹방이 위로해 주기 때문이라고 분석했다. 미국 CNN은 혼자 식사하는 경우가 많은 현대인들이 외로움과 허전함을 달래는 수단이라고 전했다. 프랑스에서는 타인의 식탐을 관음

하는 일종의 '푸드 포르노'라고 지칭하며, 인간 본연의 욕구를 해소하는 방식이라고 설명했다.

초기 먹방은 먹는 장면을 그대로 내보내는 형태였지만 이후 음식을 빨리 먹거나 많이 먹는 '챌린지형', 음식을 평가하는 '토크형' 등 다양한 포맷이 등장했다. 최근에는 음식의 비주얼과 소리에 집중하는 'ASMR자율감각 쾌락 반응' 먹방이 인기다. 그렇다면 가장 인기 있는 먹방 유튜버는 누구이며 어떤 콘텐츠로 어느 정도의 수익을 얻고 있을까?

[그림 1-2] 다양한 먹방 채널들 (다음 검색 이미지)

2020년 조사 결과에서도 먹방42.7%이 △게임41.7% △요리·음식·맛집37.8% △뷰티·화장품31.3% △운동·헬스·홈트23.2% 등을 제치고 1위를 차지한 바 있다.

2.2 한 달에 18억을 버는 유튜버

정말 한 달에 18억 원을 버는 유튜버가 존재할까? 흔히 말하는 유튜브 채널을 운영하는 경우 한 달에 18억 원을 벌어들이는 유튜브 채널이 있다. 그 채널은 바로 '블랙핑크' 채널이다. 엄밀히 말하면 개인 채널은 아니지만, 블랙핑크 뮤직비디오만으로도 월 18억 원이라는 수익유튜브 수익 예측 시스템을 통한을 내고 있다. 이렇듯 최근의 유튜브 채널은 기업형으로 커지고 있어 개인 유튜버들에게 위협을 주기도 하지만, 유튜브 채널의 특성상 공룡화되는 유튜브 생태계에서도 거뜬히 생존할 수 있을 것이라고 예측된다.

[그림 1-3] 녹스 인플루언서의 블랙핑크 통계

2.3 다양해지고 있는 콘텐츠 장르

먹방이 유튜브 채널 활성화에 기인했다면, 최근에는 시사, 교양, 교육, 예능, 뷰티, 반려동물 그리고 개인 블러그형 동영상 콘텐츠인 브이로그까지 다양해지고 있다. 또한, KBS, MBC 등의 기존 방송국들은 오래된 TV 프로그램을 유튜브 채널로 제공하여 쏠쏠한 재미를 보고 있다. 유튜브의 가장 큰 특징은 남녀노소 누구나 참여할 수 있다는 것이며, 이를 고려한다면 차후에도 개인 채널의 강세는 지속될 전망이다.

	기본 정보	카테고리	구독자 ❓	평균 조회수 ❓	NoxScore
1 -	JFlaMusic	음악	1660만	622.21만	★ ★ ★
2 -	officialpsy	음악	1440만	3548.74만	✦
3 -	Boram Tube ToysRevie...	인물/블로그	1390만	8.97만	★ ★
4 -	Nao FunFun	엔터테인먼트	1100만	1.79만	★
5 -	Jane ASMR 제인	인물/블로그	1090만	116.17만	★ ★ ★ ★ ✦
6 -	DuDuPopTOY	엔터테인먼트	944만	2.27만	★ ★
7 -	Toymong tv 토이몽TV	엔터테인먼트	818만	9.29만	★ ★ ✦
8 -	서은이야기[SeoeunStory]	엔터테인먼트	808만	99.85만	★ ★ ★ ✦
9 -	MariAndKids	엔터테인먼트	704만	12.41만	★ ★
10 -	Boram Tube [宝蓝和朋...	영화/애니메이션	697만	11.86만	★ ★ ✦

[그림 1-4] 녹스 인플루언서의 한국 유튜브 개인 채널 순위

3. 10~20대는 네이버가 아니라 유튜브로 소통한다

여러분은 인터넷 검색을 어떤 플랫폼에서 하는가? 만약 네이버나 다음을 활용한다면 올드 세대일 가능성이 높다. 바야흐로 지금은 유튜브에서 검색하고 유튜브에서 검색한 콘텐츠를 보는 시대이다.

3.1 블로그 대신 브이로그(Video-Blog)가 뜬다

블로그Blog는 웹web과 로그log의 합성어로 자신의 일상이나 견해 등을 게시하는 개인 홈페이지로서 특정 영역의 정보를 상품 소개 및 교육 목적으로까지 진화되어 10여 년을 굴림하다가 최근엔 동영상 비디오 형태의 블러그인 브이로그로 대체되고 있다. 브이로그는 동영상이란 특징장점을 통해 개인의 일상을 상품화하고 기업 및 제품 홍보에 널리 활용되고 있어 앞으로도 브이로그의 활용 범위는 예측할 수 없을 정도로 진화될 전망이다.

[그림 1-5] 다양한 형태의 브이로그_다음 검색 이미지

3.2 유튜브로 시작해 지상파로 역진출한 콘텐츠

유튜브가 등장하기 전 방송가에 진출하기 위해서는 오디션 등의 철저한 검증을 통하거나 인맥에 의한 또는 길거리 캐스팅이라는 특별한 상황을 통해야만 했었다. 하지만 최근엔 이러한 통념이 유튜브에 의해 깨지고 있다. 오히려 유튜브에서 인지도를 쌓은 인플루언서[1] 들이 지상파 TV에 출연하는 역진출 상황으로 바뀌고 있다. 대표적으로 '비밀보장'이 있으며, 인플루언서 중에는 '대도서관', '윰댕', '씬님', '밴쯔', '이근대위' 등이 있다. 그중 밴쯔와 이근대위는 불미스런 일로 프로그램에서 하차하거나 유튜버 채널을 폐쇄하는 등 좋지 않은 사례가 되었다.

[그림 1-6] 송은이 & 김숙의 비밀보장

---

1) 인플루언서(influencer): 인플루언서는 인스타그램·유튜브·트위터 등 SNS에서 몇십만 명 이상의 많은 팔로워·구독자를 가진 사용자나 포털사이트에서 영향력이 큰 블로그를 운영하는 파워블로거 등을 통칭하는 말이다.

3.3 남녀노소 누구나 유튜브 스타가 될 수 있다

나는 유튜브를 통해 스타가 될 수 있을까? 요즘은 가수, 탤런트, 배우, 개그맨 등 유명한 사람들도 대거 유튜브 채널을 만드는 추세지만 여전히 유튜브에서는 평범한 일반인의 콘텐츠가 각광을 받고 있다. 여러분이 지극히 평범해도 상관없다. 단 여러분이 가지고 있는 재능이 많은 사람에게 필요한 것이라면 유튜브 생태계에서 생존할 수 있는 조건이 충분하다. 이것이 바로 유튜브의 특징으로 평범한 사람들의 영향력을 발휘할 수 있는 평등함이다.

대표적인 케이스는 '박막례' 할머니이다. 이 할머니는 식당을 운영하던 70대 할머니로 우리 주변에 있는 평범한 할머니들과 크게 다르지 않다. 그런데 박막례 할머니가 치매에 걸릴 것을 염려한 손녀가 할머니와 함께 추억을 만들기 위해 여행을 다니며 찍어 올린 영상이 인기를 끌면서 지금의 유튜버 박막례 할머니가 탄생하게 된 것이다. 이처럼 자신이 지극히 평범하다 생각할지라도 꾸준히 콘텐츠를 제공한다면 이 콘텐츠의 마니아가 생기고 나아가 거대한 그룹이 형성될 수 있다.

[그림 1-7] 유튜버 CEO를 만난 박막례 할머니

Chapter 02
도전! 뷰티 크리에이터

1.   뷰티 크리에이터의 개념

개인 블로그에서 시작된 텍스트&이미지 중심의 1인 미디어는 기술 환경의 변화에 따라 음성과 영상 중심의 팟캐스트, 인터넷 개인방송, 실시간 영상 방송 등으로 형태가 변화했다. 이런 변화 속에서 소셜 네트워크SNS에 기반을 둔 1인 미디어는 스스로 콘텐츠를 제작하고 유통시킨다는 점에서 주목받기 시작했다. 이러한 시장환경의 변화로 유튜브Youtube, 아프리카TV, 판도라TV 등 다양한 동영상 플랫폼들이 생겨났고, 전 세계의 대표적인 SNS인 페이스북Facebook, 인스타그램Instagram을 통해 플랫폼 시장은 빠르고 거대하게 발전하고 있다. 이러한 콘텐츠들에 대한 수요가 커지자 네이버네이버TV, 카카오카카오TV, 트위치 등이 새로운 영상 플랫폼을 선보이며 시장은 점점 확대되고 있다.

이에 따라 다양한 주제의 콘텐츠를 생산하는 1인 창작자들의 인지도도 함께 높아지면서 여러 수익 모델과 결합될 수 있는 가능성들이 나타나게 되었다. 1인 창작자의 정의는 직접 콘텐츠를 기획, 제작, 유통하는 사람이라고 할 수 있다. 여기서 또 1인 창작자는 크리에이터와 인플루언서로 구분할 수 있다. 일반적으로 크리에이터는 '무언가 대단한 것을 만들어 내는 사람'이라면, 인플루언서는 '누군가에게 영향을 줄 수 있는 사람'이라고 막연하게 생각이 들 수 있을 것이다. 그래서 좀 더 쉽게 정리를 해보자면, 크리에이터는 영상이나 음성으로 만들어지는 콘텐츠를 생산하고 유통하는 사람이고, 인플루언서는 다양한 SNS를 기반으로 많은 팔로워구독자를 가지고 있어 개인의 힘으로 많은 사람에게 영향을 끼칠 수 있는 사람이라고 정리할 수 있다.

마케팅 측면에서 보면 인플루언서는 팔로워들에게 생각이나 행동에 강한 영향을 줌으로써, 제품 관련 정보를 제공하는 채널과 유사한 역할을 하고 또한 구매 결정에 영향을 줄 수 있는 사람이라고 볼 수 있을 것이다. 크리에이터의 경우 1인 미디어를 제작하는 크리에이터에게 콘텐츠 제작의 도움과 유통 채널을 지원하고, 더 큰 영향력을 얻을 수 있도록 관리해 주는 다채널 네트워크multi chnnel nertwork, MCN 산업이 나타나기도 했다. 또한, 다른 분야의 기업들도 1인 미디어의 영향력을 이용해 상품을 홍보 하거나 마케팅하기 시작했다. 이런 1인 미디어는 새로운 마케팅 채널로 등장하면서 세계적인 주목을 받고 있다. 이러한 환경에서 다양한 동영상 플랫폼을 통해 자신만의 동영상 콘텐츠를 제작하여 공유 하는 사람을 '크리에이터'라고 일컫고, 그중 뷰티 분야의 콘텐츠를 제작하는 사람을 '뷰티 크리에이터' 라고 한다. 유튜브에서 활발하게 활동하는 '뷰티 크리에이터'는 일상적인 메이크업부터 특수한 메이크 업까지 다양한 콘텐츠와 입담을 통하여 사랑을 받고 있다. 뷰티 인플루언서는 인스타그램이라는 SNS 를 통해 영상과 사진으로 본인만의 뷰티, 개성을 표출하는 직업이라 할 수 있겠다.

주요 뷰티 크리에이터와 뷰티 인플루언서의 콘텐츠는 메이크업 비법을 전수하고, 화장품 리뷰를 하는 등 일상적인 메이크업부터 인기 애니메이션 주인공들과 같이 가상의 캐릭터 메이크업 방법을 소 개하기도 하고, 때론 영화나 드라마에 나오는 인물들의 메이크업을 따라 하거나, 사용되었던 뷰티 제 품들을 소개하고 있다. 고객 입장에서는 많은 브랜드의 화장품을 직접 구매하여 비교하는 것은 현실 적으로 쉽지 않기 때문에, 뷰티 크리에이터 또는 뷰티 인플루언서의 콘텐츠를 통해 정보를 얻고, 직 접 구매하여 사용하지 못하는 화장품을 활용하는 모습을 보며 대리만족을 느끼는 것이다. 뷰티 크리 에이터와 팔로어구독자와의 관계는 친구이자 멘토라고 볼 수도 있다. 그래서 뷰티 크리에이터가 콘텐츠 를 통해 본인이 사고 싶은 화장품을 사용해 보고 추천해 주는 것에 진정성을 느끼게 되고 자연스럽 게 구매로 연결되는 것이다. 즉 과거의 크리에이터는 콘텐츠를 제작하고 영상 편집과 유통에 중점을 뒀다면, 현재의 크리에이터는 마케팅 등 비즈니스와 연관된 개념이 추가되었다고 볼 수 있다.

유튜브에는 음악, 게임, 먹방, 패션, 뷰티, 일상 등 우리 생활과 밀접한 부분부터 우리가 접근하기 생소한 외교, 정치, 과학 등의 분야까지 다양한 분야의 콘텐츠들이 올라오고 있다. 그중 특히 대중들 에게 큰 관심을 가지고 있는 분야 중 하나로 뷰티 관련 유튜브 영상이 떠오르고 있다. 여기서 주목해 야 하는 것은 뷰티 크리에이터는 화장품의 신제품 리뷰, 메이크업 방법, 피부관리 방법 등을 영상으 로 제작하는 것에 그치지 않고 유튜브 자체 광고나 화장품 회사와의 협업으로 광고를 제작하여 수익 을 창출하는 영역까지 확대되었다.

뷰티 크리에이터의 콘텐츠는 기존의 광고와는 다르게 크리에이터만의 매력과 개성을 반영하여 콘텐츠를 제작하고, 자연스럽게 제품과 브랜드를 홍보하기 때문에 광고주의 요구에 맞춰진 기존의 광고보다 소비자들에게 부담감 없이 접근할 수 있다고 보인다. 또한, 연예인이나 광고 모델이 출연하는 광고에 비해 뷰티 크리에이터는 일반인이라는 점에서 구독자들에게 편안함과 친근감을 줄 수 있다.

뷰티 크리에이터들은 신선한 소재와 주제 그리고 캐릭터로 대중들에게 다가가면서, 매스 미디어의 콘텐츠보다 마케팅 수단으로 더욱더 인지도가 높아져 가고 있고, 이를 발판으로 공중파까지 진출하고 있으며, 이러한 뷰티 크리에이터들의 영향력과 영역 확장에 기업들은 주목하고 있다.

2. 뷰티 크리에이터 현황

인터넷의 보급과 기술 발전에 따라 새로운 미디어가 나타났고 스마트폰이 대중화되면서 인터넷 콘텐츠를 이용하는데 있어 시간과 장소는 중요하지 않게 되었다. 시간과 장소에 구애받지 않고 스마트폰을 통해 콘텐츠 이용과 생산이 가능하기 때문에 생산과 소비의 역할 경계가 모호해졌다. 이런 환경에서 새로운 커뮤니케이션 현상이 생성되고 새로운 인터넷 문화도 형성되었으며, 이는 사람들의 라이프스타일에 이르기까지 많은 변화를 가져왔다. 이를테면 TV, 잡지, 신문, 라디오 등을 통해 대중문화를 접했던 과거와는 다르게 광대역 무선통신망의 발달로 미디어 콘텐츠를 실시간으로 이용하기가 더욱 쉬워졌다. 유튜브, 인스타그램, 페이스북, 틱톡, 트위터 등 자신의 일상을 알리고 음식을 먹거나 화장품을 사용해 보는 등 일상적인 콘텐츠에서 시작하여 이제는 원하는 콘텐츠를 인플루언서가 직접 기획하고 제작하여 홍보까지 진행하는 ALL-MASTER SYSTEM 형태로 진화하고 있다.

이는 기존의 광고 마케팅이 무조건 자신들의 브랜드에 대해 좋은 이미지와 스토리 콘텐츠를 담으려 했다면, 크리에이터의 콘텐츠들은 이와 다르게 내 이웃, 내 친구 같은 친근함과 진정성으로 구독자들에게 다가가 결국 구매로까지 연결시키는 것이다. 이런 진정성 있는 콘텐츠가, 브랜드 기업들이 크리에이터들과의 협업을 하는 이유이다. 그러므로 크리에이터 마케팅에는 진정성이 중요하다. 고객들이 크리에이터들의 콘텐츠를 구독하는 이유는 그들의 진정성이다. 2020년 논란이 됐던 임블리 사태나 먹방 유튜버 벤쯔의 허위 광고 논란 등은 진정성의 중요성을 상기시켜 주는 사건이다. 더 나아가 이제는 크리에이터 커머스라인까지 이미 우리에게 낯선 풍경이 아니다. 이미 인스타그램과 페이스북 등이 쇼핑기능을 추가하면서, 제품에 대한 리뷰 등을 통해 자연스럽게 인플루언서 마케팅으로 이어지고 있다.

이런 콘텐츠는 우리가 알고 있는 광고가 아니기 때문에, 어떤 제품들에 대한 좋은 점과 나쁜 점을 사실적으로 보여 주고 구독자들과의 쌍방향 소통이 많이 이루어지고 있다. 그러므로 기존 연예인이 출연하는 광고보다 시청자들에게 사실적이고 본질적으로 다가갈 수 있는 커뮤니케이션인 것이다. 뷰티 크리에이터는 다양한 플랫폼을 통해 영상을 공유한다. 이용자 접점 확대로 수익성을 최대로 확보하기 위해 유튜브뿐만 아니라 아프리카TV, 네이버TV 등 다양한 플랫폼을 통해 1인 방송을 유통시킨다. 그러나 다른 크리에이터 분야들에 비해 뷰티 분야에서는 대부분 유튜브를 통해서만 활동을 하고 있다. 유튜브는 과거부터 영상 콘텐츠의 주요 유통 채널로서 역할을 해왔기에 수많은 유명 뷰티 크리에이터 및 MCN다중채널 네트워크이 유튜브를 기반으로 운영되고 있다. 이런 배경으로 유튜브에서 특정 뷰티 크리에이터가 보이는 인지도는 전체 뷰티 크리에이터 시장에서의 인지도로 봐도 무방할 것이다.

인스타그램 620만 팔로워, 유튜브 586만 구독자를 보유하고 있는 '1세대 뷰티 크리에이터 포니는 국내 가수 CL씨엘의 메이크업 아티스트라고 잘 알려져 있으며, 다른 뷰티 크리에이터들보다 조금 늦게 크리에이터 활동을 시작하였지만 전문적인 실력과 깔끔한 영상 편집, 외국인 구독자들을 위한 영어 자막 등 다른 뷰티 크리에이터들과의 차별화를 통해 경쟁력을 확보하여 짧은 시간에 뷰티 크리에이터 중 1위를 차지하였고, 2021년 기준 구독자 수 586만 명으로 몇 년 동안 굳건히 1위 자리를 지키고 있다. 포니는 전문 메이크업 아티스트로서 색조화장에 대한 지식이 풍부해 해외 팬들에게도 인기가 많으며, '레전드 영상'은 무려 2,293만 회 조회 수를 기록하였고 지금도 늘어나고 있다. 그리고 자신의 노하우를 담은 메이크업 북을 6권이나 출간하였고, 화장품 업체 '미미박스'와 협업하여 자신의 이름을 딴 '포니이펙트'라는 화장품 브랜드까지 론칭하여 국내외 많은 팬에게 제품력과 가성비가 훌륭한 브랜드로 굳건히 자리 잡았다.

다음으로 조효진은 인스타그램에서 '야매뷰티'라는 수식어가 앞에 붙었으나 인기를 얻은 이후에는 채널 이름이 '조효진'으로 깔끔하게 변경되었고, 화장으로만 새롭게 변신하는 타이틀로 2016년 3월 5일 유튜브 활동을 시작하였다. 그녀의 유튜브 채널 인기 요소 중 하나는 완전히 새롭게 변신시키는 그녀의 놀라운 화장 실력과 화려한 입담으로 2021년 7월 현재 구독자 166만 명을 보유하고 있으며, 영상 총 조회 수는 1억 5천만 회를 넘어섰다.

마지막으로 구독자 수 224만 명을 가진 '이사배'는 전문 메이크업 아티스트로서 기초적인 메이크업 지식뿐만 아니라 특수 분장실에서 근무했던 경험을 살려 여러 가지 다양한 분장을 시도하여 인기를 끌었다. 또한, 이사배는 가수 '선미'의 닮은꼴로 '선미'를 커버 메이크업한 영상으로 조회 수 510만 회를 기록하기도 하였다. 이사배는 각종 해외 명품 화장품 브랜드와 협업도 하며, 뷰티 크리에이터 최초로 공중파 방송에 출연하고, 최근에는 음원을 발매하는 등 활동 영역을 다양한 방면으로 넓히고 있다. 앞으로의 뷰티 크리에이터의 콘텐츠는 지금까지 있었던 콘텐츠와는 차별화된 아이템이 요구될 것이다. 기존의 화장품을 알려 주는 테크니컬한 콘텐츠와 더불어 남성 관련 뷰티 정보를 제안하는 등 지속적으로 새로운 아이템들이 이목을 끌고 있다. 필자는 여기서 기존 크리에이터의 과정을 좀 더 심화적인 아이템으로 진행해 보고자 한다. 예를 들면 필자의 직업적인 특성을 살려 독창적인 판타지 메이크업 테크닉을 알려 주는 콘텐츠를 만든다면 새로움을 원하던 구독자들에게 쉽게 다가갈 수 있는 콘텐츠가 될 수 있다.

사람들은 사진이 아닌 영상으로 콘텐츠를 보며 쉽고 빠르게 메이크업 기술을 습득하게 되었다. 또한, 영상에서 소개하는 제품들은 구독자들이 실제로 사용하지 못했던 제품들이기 때문에, 정보를 제공해 주는 뷰티 크리에이터가 해당 제품에 대해 제공해 주는 정보가 매우 중요하게 대두되고 있다. 뷰티 콘텐츠는 메이크업이나 헤어를 아름답게 스타일링하는 영상이 대부분을 차지하기 때문에, 외형적인 매력이 신뢰감에 큰 비중을 차지한다. 뷰티 크리에이터가 전문적인 기술과 지식을 활용하여 메이크업이나 헤어 스타일링하는 영상을 통해 신뢰감을 줄 수 있고, 패션과 액세서리 등을 메이크업 콘셉트에 맞게 세련되고 매력적으로 잘 활용하는 모습을 통해서도 신뢰감을 형성시킬 수 있다. 또한, 뷰티 분야는 유행에 민감하고, 신상품이 수시로 출시되기 때문에, 최신 유행을 잘 파악하고 발빠르게 신상품을 구매하여 뷰티 영상을 업로드하는 크리에이터가 소비자들에게 더 신뢰감을 줄 수 있다.

일반인 출신의 뷰티 크리에이터는 다년간 자신의 일상 체험을 통해 습득한 뷰티 지식을 전달하는 것이 일반적이다. 하지만 넘쳐나는 뷰티크리에이터 세계에서 경쟁력을 갖추기 위해서는 매력적인 외모와 풍부한 표정과 연기력, 재미있는 언어 구사력 등 매체에서 인기를 끌 수 있는 개성을 갖추는 것이 인기 뷰티크리에이터가 되기 위한 필수 조건인 것은 부정할 수 없는 현실이다.

뷰티크리에이터들은 신선한 소재와 주제로 뷰티크리에이터만의 매력과 개성을 반영하여 콘텐츠를 제작하고, 그 속에서 제품과 브랜드를 자연스럽게 홍보한다. 그렇기 때문에 크리에이터가 제공하는 콘텐츠를 통한 광고나 홍보는 소비자들에게 부담감 없이 다가갈 수 있게 된다. 그리고 시청자들의 실시간 반응과 요구 사항들을 즉각적으로 파악하여 반영할 수도 있다. 다양한 뷰티 제품들을 모두 경험해 보기는 어렵기 때문에 연예인이나 광고 모델들의 광고를 통해 뷰티 제품을 구매해 본 경험이 누구나 있을 것이다. 하지만 뷰티크리에이터는 실제로 보기 힘든 연예인과는 다르게 우리와 같은 일상을 보내고, 직접 소통하며 실제로 주위에 있을 것 같은 사람이기 때문에 시청자들이 좀 더 친숙함과 친밀감을 느끼게 된다.

뷰티 크리에이터는 무조건 제품의 좋은 점만을 알려 주는 게 아니라 실제로 사용해 본 느낌과 자신에게 좋았던 점과 불편하고 맞지 않았던 부분을 사실적으로 영상에서 표현해야 한다. 메이크업을 하기 전 민얼굴의 흐트러진 모습을 통해 현실감을 공유하고, 메이크업 후 보이는 극적인 변화에 소비자들이 한층 더 매력을 느끼기도 한다. 더 나아가 플랫폼을 기반으로한 댓글과 실시간 채팅 등을 이용한 소통을 통해 기존 매스미디어의 출연자보다 더 큰 인기를 얻고 있으며, 이를 발판으로 공중파까지 진출하는 일도 있다.

온라인의 특성을 최대한 살려 뷰티 크리에이터들은 자신의 상상력이나 아이디어를 과감하고 자유롭게 표현하며 자신만의 독창적인 콘텐츠를 개발할 수 있다. 그리고 뷰티 크리에이터 개인이 보유한 기존의 테크닉으로 방송을 이어가는 채널도 있지만, 시청자들의 높아져 가는 지식과 요청에 발맞춰 그 주제와 관련된 지식, 기술 그리고 경험에서 얻은 비법까지, 수준이 높아지지 않으면 안 되는 상황으로 이어지고 있다.

3. 뷰티 크리에이터 스피치 클래스

뷰티 크리에이터는 오랜 시간 축적해 온 자신만의 뷰티 지식을 전달한다. 그리고 이러한 것들이 충분한 진정성을 가지고 있다면 개성 있는 외모, 연기력 혹은 유머를 더해 좀 더 매력적인 크리에이터가 될 가능성이 충분히 있다.

스피치 트레이닝은 글을 읽지 못해서 훈련을 하는 것이 아니다. 말하고자 하는 내용이 정확하게 전달될 수 있도록 목소리에 자신감을 불어 넣어 정확하게 말하는 능력을 키우기 위함이다. 그렇다면 뷰티 크리에이터가 갖춰야 할 가장 기본적인 덕목이 무엇일까? 뷰티 크리에이터가 시청자들에게 정확한 정보를 전달하기 위해서는 단연 좋은 스피치가 가장 필요한 능력이라 할 수 있을 것이다. 그렇다면 좋은 스피치란 무엇인가? 그 중요성에 대해 2가지를 살펴보자.

첫 번째, 마음을 사로잡는 목소리를 내기 위해서는 내 목소리를 파악하여 상황에 맞는 속도와 리듬감을 갖는 것이 중요하다.

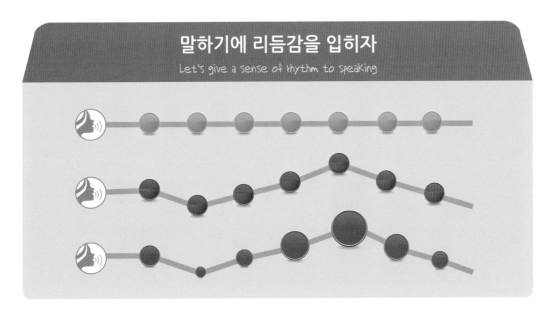

두 번째, 전문가답게 말하기 위해서는 고저장단에 맞춰 말하는 것이 중요하다.

단음이나 저모음은 단백한 미를 풍겨준다면, 장음이나 고모음은 중후하고 고상한 품격을 나타낸다.

음악에서 멜로디와 리듬이 어우러지듯이 목소리에 리듬감을 준다면 말의 전달력과 이해력이 높아진다.

일반적으로 좋은 말하기라고 하면 어떤 것이 떠오를까? 아마도 아나운서 같은 정확한 발음과 알아듣기 좋은 부드러운 목소리라고 할 것이다.

하지만 유튜버에게도 위와 같은 내용이 적용될까?

물론 정확한 발음과 호감가는 목소리가 유리하겠지만, 유튜브에서는 자신의 콘텐츠에 맞는 스피치가 더 중요하다.

사투리 억양의 말하기는 지역 특색에 맞는 독특함을 나타낼 때에는 필요한 것일 수 있고, 작고 힘없는 목소리나 차분한 목소리는 수면이나 책 읽어 주기 같은 콘텐츠에 어울리는 스피치라고 할 수 있다.

또는 아이 같은 말투나 하이톤의 억양은 키즈 관련 유튜버가 갖추어야 할 말하기이다.

그래서 뷰티 크리에이터 과정에서 스피치 트레이닝은 아나운서나 승무원의 연습 과정처럼 호감가는 스피치 트레이닝만이 아닌 각자 목소리의 다양성을 인정하고, 자신의 목소리를 통해 의사 전달이 잘 될 수 있도록 하는 발음 연습과 영상 촬영에서 머뭇거리지 않고 자연스럽게 시청자들과 대화할 수 있는 목소리를 만들기 위한 훈련이다.

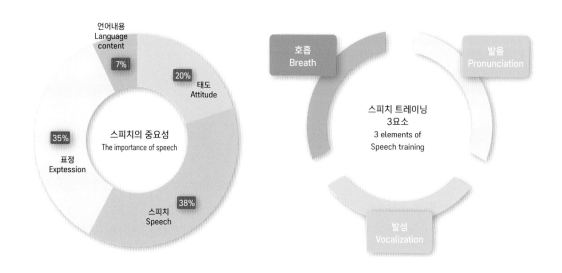

목소리의 온도와 속도를 체크해 보자

내 목소리가 단호한 말투라면 차갑거나 잘난 척하는 느낌으로 들릴 것이고, 너무 느리다면 요점 전달이 어렵고 지루할 수 있다. 반대로 너무 빠르면 의미 전달이 어렵고 기억에 남지 않아서 문제가 될 수 있다.

단음 저모음은 담백하다. 그리고 장음 고모음은 품위 있는 발음 연출이 가능하다.

고저장단은 아나운서의 화법과 같은 리듬감을 살릴 수 있다. 본 과정이 스피치의 다양성을 인정하기는 하나 아나운서와 같은 스피치가 스피치의 가장 기본이 되는 것임을 인정한다. 그래서 사실 전달과 대화의 기본이 될 수 있는 뉴스의 대본으로 실전 연습을 하도록 하자. 아나운서들의 목소리뿐만 아니라 발음과 말하는 태도, 목소리에서 느껴지는 자신감 등을 주의 깊게 살펴보고 따라 하자.

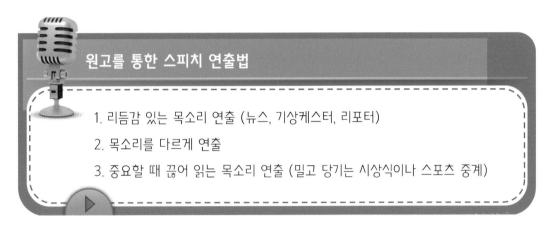

원고를 통한 스피치 연출법

1. 리듬감 있는 목소리 연출 (뉴스, 기상케스터, 리포터)
2. 목소리를 다르게 연출
3. 중요할 때 끊어 읽는 목소리 연출 (밀고 당기는 시상식이나 스포츠 중계)

프로도 긴장한다. 긴장 상황은 언제든 나타날 수 있기 때문에 그것을 익숙하게 받아들이는 연습도 필요하다.

그리고 가장 성공적인 말하기 비법은 짜임새 있는 콘텐츠이다. 말을 잘하는 사람도 무대에 오르거나 카메라 앞에 서면 긴장해서 평소의 실력을 발휘하지 못하는 일이 비일비재하다. 이는 대부분 심리적인 위축 때문에 발생한다.

그 해결책은 무엇일까?

해결책은 연습이다. 누구에게나 처음은 있고, 그 처음은 긴장과 떨림을 동반한다. 익숙함이야 말로 긴장을 극복할 수 있는 최고의 무기이다. 보디랭귀지는 말의 액세서리이다. 스피치의 시작은 자신감이다. 자신감 넘치는 보디랭귀지로 시청자들과 교감하자. TV 홈쇼핑을 보면 간혹 지나치다 싶을 만큼의 표정이나 손동작을 하는 쇼호스트의 모습을 볼 수 있다. 주의 깊게 보지 않다가도 과한 액션을 취하게 되면 자연스럽게 시선이 가게 된다. 이는 시청자들의 관심을 끌기 위해서 의도된 액션이다. 어색해 보일지는 모르지만, 결과적으로 시청자의 시선을 끄는 데 성공할 수 있다.

하지만 모두 알고 있듯이 과한 액션은 그에 상응하는 역효과를 갖게 된다. 그 이유는 시청자들은 성격과 취향이 다르고 그런 과도한 표현에 불편함을 느끼는 사람도 있기 때문이다. 그렇다면 좋은 스피치는 어떤 스피치일까?

'말'을 잘하기 위해서는 '말'만 잘해서는 안 된다.

'스피치의 중요성'에서 보았듯이 스피치는 목소리 38%, 언어 내용 7%, 태도 20%, 표정 35%로 구성되어 있다.

정확한 의사 전달을 위해서는 언어적 표현도 중요하지만, 그보다 보디랭귀지에 해당하는 태도와 표정이 55%로 더 많은 비중을 차지한다.

정치인들의 연설과 교회에서 목사들이 설교할 때를 떠올려보자. 가만히 서서 같은 톤으로 말하기만 하지 않고 표정과 눈빛 그리고 적절한 몸동작을 통해서 자신이 전달하고자 하는 메시지를 강조한다.

이렇듯 보디랭귀지는 언어로 표현하기 힘든 감성을 전달하는 수단이 된다.

그런 이유에서 보디랭귀지를 말의 액세서리라고 하는 것이다. 눈빛, 미소, 표정, 자세, 몸짓 5가지를 말할 때 자연스럽게 스며들게 만들어 자연스러운 스피치를 하도록 연습해 보도록 하자.

> 자신의 말을 더욱 부각시키는 보디랭귀지 백 번의 설명보다
> 한 번의 손짓, 몸짓, 표정 등으로 청중을 사로잡을 수 있다.

보디랭귀지를 활용하는 스피치 화법

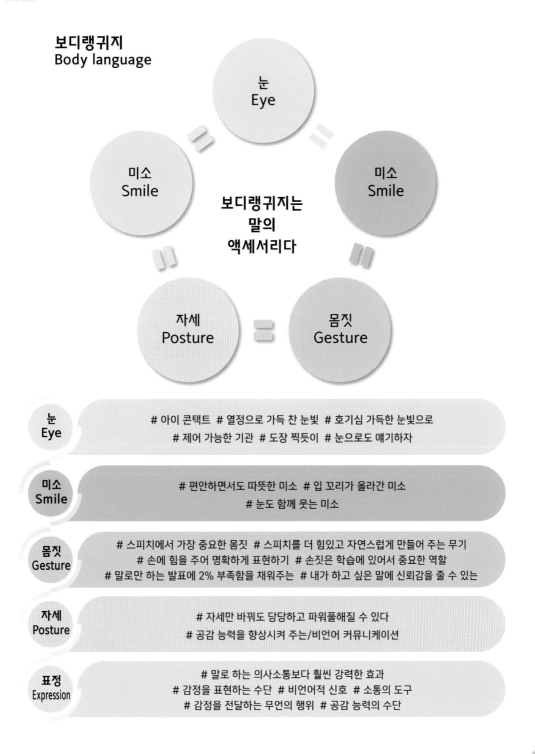

보디랭귀지
Body language

눈
Eye

미소
Smile

미소
Smile

보디랭귀지는
말의
액세서리다

자세
Posture

몸짓
Gesture

눈 Eye
\# 아이 콘택트 \# 열정으로 가득 찬 눈빛 \# 호기심 가득한 눈빛으로
\# 제어 가능한 기관 \# 도장 찍듯이 \# 눈으로도 얘기하자

미소 Smile
\# 편안하면서도 따뜻한 미소 \# 입 꼬리가 올라간 미소
\# 눈도 함께 웃는 미소

몸짓 Gesture
\# 스피치에서 가장 중요한 몸짓 \# 스피치를 더 힘있고 자연스럽게 만들어 주는 무기
\# 손에 힘을 주어 명확하게 표현하기 \# 손짓은 학습에 있어서 중요한 역할
\# 말로만 하는 발표에 2% 부족함을 채워주는 \# 내가 하고 싶은 말에 신뢰감을 줄 수 있는

자세 Posture
\# 자세만 바꿔도 당당하고 파워풀해질 수 있다
\# 공감 능력을 향상시켜 주는/비언어 커뮤니케이션

표정 Expression
\# 말로 하는 의사소통보다 훨씬 강력한 효과
\# 감정을 표현하는 수단 \# 비언어적 신호 \# 소통의 도구
\# 감정을 전달하는 무언의 행위 \# 공감 능력의 수단

3.1 스피치 3요소

말하기는 시각 언어, 음성 언어, 내용 언어로 구성된다.

시각 언어, 음성 언어, 내용 언어, 이 세 가지가 조화를 이룰 때 "말을 잘한다"라고 표현한다.

시각 언어는 말할 때의 표정과 몸짓, 시선을 말한다. 자신감 있는 표정, 적절한 몸짓, 시청자를 바라보는 시선은 내용을 효과적으로 전달하도록 돕는 요소이다.

음성 언어는 소리로 표현되는 모든 것을 뜻하는데, 진중한 목소리 톤, 적당한 속도로 말하는 상황을 이해하고 상대를 배려하는 것이 좋은 말하기이다. 내용 언어는 말의 구성을 의미한다.

말을 진행하는 순서와 구성을 올바르게 지켰을 때 안정적으로 대화를 이어나갈 수 있다.

위에서 말 한 세 가지를 가장 잘 지키며 올바른 말하기를 구사하는 사람들이 바로 아나운서이다.

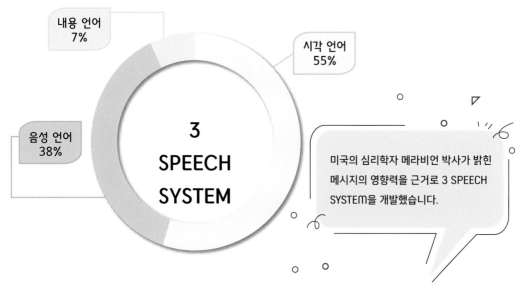

내용 언어
7%

시각 언어
55%

음성 언어
38%

3
SPEECH
SYSTEM

미국의 심리학자 메라비언 박사가 밝힌 메시지의 영향력을 근거로 3 SPEECH SYSTEM을 개발했습니다.

❋ **시각 언어:** 정보 전달의 55%를 차지하는 시각적 요인
→ 당신의 시선, 표정, 몸짓, 의상 등 모든 것이 당신의 스피치를 완성합니다.

❋ **음성 언어:** 음성만 들어도 그 사람이 보입니다.
→ 음성은 공명(소리의 울림), 음계(고조의 느낌), 배려(상대와 상황에 맞게) 3가지로 완성합니다.

❋ **내용 언어:** 말에도 진행 순서가 있습니다.
→ **O**pening: 인사 스피치 공감대 형성, 주제 제시 / **B**ody: 핵심 정보, 세부 사항 전달
Colsing: 스피치 마무리, 향후 바람

3.2 말하기 실전 연습

위의 내용들을 실전에 옮겨서 직접 대본을 읽으면서 연습해 보도록 한다. 크리에이터의 말하기 또한 실제로 대화를 나누듯이 진행해야 더욱 실감나는 방송이 될 수 있으므로 KBS 뉴스 내용을 앵커와 리포터가 대화를 주고받는 것처럼 역할을 나눠가면서 연습해 보는 것도 방법이다.

뉴스 예시 1)

*** WTO, '美 일방적 관세 폭탄' 제동 ⋯ 대미 수출 청신호?
　　입력 2021.01.22 (21:32)수정 2021.01.22 (22:02)뉴스 9 ***

[앵커]

트럼프 행정부 내내 미국은 힘을 앞세운 보호무역 기조를 이어 갔는데요.
공교롭게도 바이든 대통령 취임 직후, WTO가 한미 간 관세 분쟁에서 미국의 일방적인 관세 폭탄에 제동을 거는 판정을 내놨습니다. 예상을 깨고 한국이 승소하면서 국내 기업의 미국 수출에 긍정적 영향이 기대됩니다. 김유대 기자의 보도입니다.

[리포트]

우리나라의 대미 철강 수출량은 세계 3위, 하지만 오바마 행정부 말부터 견제에 시달려야만 했습니다.
수출 기업이 미국 정부가 요구하는 자료를 내지 못하면, 미국에 유리하게 높은 관세를 매기는 이른바 'AFA 조항'으로 압박을 시작한 겁니다.
미국 정부의 무리한 자료 요구가 이어졌고, 결국 최고 60%의 폭탄 관세가 부과되면서 한국산 철강 제품 등이 큰 타격을 입었습니다. 한국 정부는 이 조치가 부당하다며, 2018년 WTO에 제소했고, 3년간 2만 5천 장의 자료를 제출하는 분쟁 끝에 승소 판정을 받아냈습니다. 미국 정부가 AFA 조항을 남용해 자의적으로 고율의 관세를 매기던 행태에 제동이 걸린 셈입니다. [유법민/산업통상자원부 통상법무정책관: "(이번 승소로) 다른 대미 수출 품목에 대해서도 향후 미국이 불합리하게 우리 기업에 불합리한 정보를 활용해 수입 규제를 활용하는 것을 방지하는 효과도 있다고 생각합니다."] 후쿠시마산 수산물 수입 금지를 두고 일본과의 WTO 분쟁에서 이긴 정부 대응팀이 이번에도 승소를 이끌었습니다. 안덕근/서울대 국제대학원 교수: "상당히 큰 성과라고 보여지고요. 향후에 바이든 행정부가 보호주의 조치를 다양한 산업 부분으로 확대할 것으로 우려되는 상황에서 이번 판정이 상당히 큰 긍정적 효과를 우리 산업계에 줄 것으로⋯"] 다만 전임 트럼프 행정부가 신규 위원 선출을 방해하면서 WTO 상소기구는 현재 판정 기능을 잃은 상탭니다. 만약 신임 바이든 행정부가 이번 1심 결과에 불복해 상소할 경우 분쟁이 기약 없이 이어질 여지도 남아 있습니다.

KBS 뉴스 김유대입니다.

뉴스 예시 2)

*** 코스피 0.6% 하락 ··· 개인, 1조 6천여억 원 순매수
　　 입력 2021.01.22 (16:49)수정 2021.01.22 (17:04)경제***

코스피가 사상 최고가를 경신한 지 하루 만에 하락 마감했습니다. 오늘(22일) 코스피는 어제보다 20.21포인트(0.64%) 내린 3,140.63에 마감했습니다. 지수는 2.99포인트(0.09%) 오른 3,163.83으로 시작해 등락을 반복하다가 오후 들어 약세를 나타냈습니다. 유가증권시장에서 기관은 1조 3천706억 원을 순매도했고, 외국인도 2천728억 원을 순매도했습니다. 반면 개인이 1조 6천138억 원을 순매수했습니다.

코스닥지수는 전날보다 1.42포인트(0.14%) 내린 979.98에 마쳤습니다. 코스닥시장에서도 기관과 외국인이 각각 1천72억 원, 848억 원을 순매도했고, 개인은 2천9억 원을 순매수했습니다. 오늘 서울 외환시장에서 원/달러 환율은 어제보다 5.0원 오른 달러당 1,103.2원에 상승 마감했습니다.

뉴스 예시 3)

*** '기울어진 운동장' 고친다면서 ··· '공매도 재개' 왜 망설이나?
　　 입력 2021.01.19 (21:46)수정 2021.01.20 (15:12)뉴스 9 ***

[앵커]

요즘 증시의 뜨거운 감자, 바로 3월 15일 끝나는 공매도 금지 조치입니다. 공매도란 다른 사람의 주식을 빌려 시장에서 먼저 팔고, 약정 기간 안에 주식을 되사서 갚는 거래입니다. 비싸게 팔고, 싸게 사서 갚아야 이익을 보니까 주가가 내려가야 이익을 보겠죠. 그래서 주가 하락을 더 부추긴다는 지적이 많습니다. 반대로, 주가에 거품이 있는 기업에 공매도가 집중돼 거품을 걷어낸다는 의견도 있습니다. 문제는 이 공매도 거래 대부분을 기관과 외국인이 하기 때문에 개인투자자 입장에선 기울어진 운동장

이라는 비판이 끊이질 않고 있습니다. 정부가 이런 공매도의 문제를 바로잡겠다며 개
선안을 내놨습니다.

공매도 금지 해제, 즉 공매도 재개를 위한 포석으로 볼 수 있는데 과연 가능할까요?
김진호 기자의 보돕니다.

[리포트]

10년 가까이 주식투자를 해온 박혁 씨. 지난해 적잖은 수익을 거뒀는데, 정부의 공매
도 금지가 큰 역할을 했다고 생각합니다. [박혁/개인투자자: "균형을 맞춰서 우리(개
인)도 똑같이 공매도를 할 수 있게 (해야죠). 공매도는 외국인들을 위한 법입니다. 공
매도는 진짜 없어져야 됩니다."]

개인투자자들의 이런 불만을 잠재우기 위해 금융위원회가 마련한 개선안은 크게 두
가집니다.

우선 개인도 쉽게 공매도 투자를 할 수 있도록 개인투자자만을 위한 물량을 확보하고,
주식을 빌릴 수 있는 창구도 공식적으로 제공하겠다는 것입니다. 여기에 불법 공매도
처벌 강화, 그리고 불법을 적발하기 위한 시스템도 갖추기로 했습니다. [황세운/자본시
장연구원 연구위원: '기울어진 운동장'이라는 논란을 일정 부분 해소할 수 있는 그런
제도적 뒷받침을 하면서 공매도 금지를 해제하는 것이 합리적인 결정이라고 보죠."]
하지만 은성수 금융위원장은 속 시원하게 말할 수 없다며 여전히 조심스러운 입장을
나타냈습니다. 개인투자자의 반발이 여전한 데다, 정치권에서도 공매도 금지 해제와
추가 연장을 놓고 논란이 계속되고 있기 때문입니다. [정의정/한국주식투자자연합회
대표: "(개인이) 피해를 봤던 사례들을 연구하고 조사하고 분석해서 과연 공매도가 우
리나라에 필요한지 거기서부터 다시 시작해야 한다고 봅니다."] 개인과 정치권의 요구
로 주식 양도세 과세 대상인 대주주 범위가 정부 안보다 완화됐던 경험도 금융 당국
이 더 신중해진 이유입니다. 공매도 재개 여부가 다음 달 중에 결정될 예정인 가운데,
OECD 국가 중 공매도를 금지한 나라는 우리뿐입니다. KBS 뉴스 김진호입니다.

뉴스 예시 4)

*** 지난해 서울 아파트 3채 중 1채는 30대가 구입

입력 2021.01.19 (15:20)수정 2021.01.19 (15:27)경제 ***

지난해 매매된 서울 아파트 3채 중 1채는 30대가 산 것으로 나타났습니다.
청약 시장에서 밀려난 30대들이 집값과 전셋값이 함께 오르자 주택 시장을 주도한 것

으로 분석됩니다.

한국부동산원 집계를 보면 지난해 서울 아파트 매매 건수는 총 9만3천784건으로, 이 가운데 30대가 33.5%인 3만1천372건을 매입해 전 연령대를 통틀어 최다를 기록했습니다.

이는 두 번째로 많은 아파트를 매입한 40대(2만5천804건)보다 21.6%(5천568건) 많은 매입량이며 3위인 50대(1만6천428건)를 압도하는 수치입니다.

40대는 기존에 주택 시장에서 가장 왕성한 구매를 하는 연령대로 꼽혔으나 재작년 30대에게 근소한 차이(129건)로 1위 자리를 내준 데 이어 작년에는 5천 가구 이상으로 벌어졌습니다.

전문가들은 청약가점이 낮아 분양 시장에서 당첨을 기대할 수 없는 30대들이 불안감을 떨치지 못하고 기존 주택 매입에 뛰어들었다는 것으로 해석했습니다.

구별로는 성동구의 30대 매입 비중이 46.3%로 가장 높았고, 강서구 41.2%, 중구 39.1%, 마포구 38.3%, 동대문구 38.0%, 영등포구 37.4%, 동작구 37.3% 등의 순으로 30대의 매입이 많았습니다.

고가 주택이 밀집해 40대 구매가 활발한 강남 3구 중에서도 이례적으로 송파구의 30대 매입 비중이 31.8%로 40대(30.5%)보다 높았습니다.

강남구는 전체 매입자의 36.3%가 40대였고, 서초구는 40대가 36.8%로 각각 가장 높은 비중을 차지했습니다. 학군 수요가 많은 양천구도 40대 매입 비중이 35.0%로, 30대(27.2%)보다 높았습니다.

전국 아파트 기준으로는 40대의 매입 비중이 27.5%로 가장 높았고 30대(24.4%), 50대(20.1%), 60대(12.3%) 등의 순이었습니다.

뉴스 예시 5)

*** [ET] "우리 앱 마켓만 써라" … 공정위, 구글 갑질 제동 거나?
　　입력 2021.01.19 (18:05)수정 2021.01.19 (18:20)통합뉴스룸ET ***

[앵커]

IT 공룡이라고도 불리죠. 다양한 정보통신 분야에서 시장을 장악하고 있는 세계적 기업 구글의 불공정 행위에 대해 우리 정부가 제재에 나섰습니다. 자세한 내용 산업과학부 석민수 기자에게 들어보겠습니다.

석 기자 어서 오세요. 구글이 불공정 행위, '갑질'을 저질렀다고 하는데 어떤 게 문제가 된 건가요?

[기자]

크게 세 가집니다. 스마트폰 제조사는 여러 곳이지만 애플의 아이폰을 제외하고는 대부분 안드로이드라는 운영 체제를 쓰고 있죠? 안드로이드를 폰에 탑재할 때, 또 그 안에서 플레이스토어라는 구글의 자체 앱 마켓을 운영하면서, 그리고 앱 내에서 결제할 때 각각 공정거래법을 어겼다는 의혹을 받고 있습니다.

특히 지금 관심을 끄는 건 구글이 앱 개발사에 앱을 플레이스토어에만 독점 출시하도록 해 경쟁자를 따돌렸다는 혐의인데요. 공정거래위원회는 조만간 제재안을 확정하고 1심의 효력이 있는 전원회의에 안건을 상정할 예정입니다.

[앵커]

스마트폰을 쓰는 사람 입장에선 어느 앱 마켓을 쓰든 상관이 없을 것 같은데, '법 위반이다' 이렇게 볼 이유가 궁금하네요.

[기자]

지금 안드로이드에는 플레이스토어와 이동통신사 네이버 등이 만든 '원스토어' 이렇게 2개의 앱 마켓이 있습니다. 개발사 입장에선 노출도를 높이려면 양쪽에 모두 출시하는 게 정답일 텐데요.

그런데 여기서 구글은 개발사에 독점 출시를 하면 스토어 첫 페이지에서 추천이나 홍보를 해주는 혜택을 내걸었습니다. 그 결과 게임회사 등 앱 개발사들이 플레이스토어에만 출시하는 일이 늘면서 원스토어는 사실상 도태되고 있는데요. 공정위는 이것이 경쟁자에 대한 공급을 막아 경쟁에서 배제한 '배타 조건부 거래'로 법 위반이다 이렇게 판단한 것으로 알려졌습니다. 소비자로선 어느 쪽이든 원하는 앱을 잘 내려받을 수 있으면 상관없다 이렇게 볼 수도 있죠. 그런데 다수가 경쟁할 때보다 독점 체제가 형성됐을 때 앱 마켓 수수료가 오를 여지가 더 크다고 볼 수 있습니다. 결국 소비자의 부담이 늘어날 수 있는 거죠.

[앵커]

안드로이드를 폰에 탑재하는 과정에도 문제가 있다고요?

[기자]

네, 지금 국내에선 삼성전자, LG전자 같은 스마트폰 제조사가 안드로이드 OS를 쓰고 있는데요. 안드로이드는 구글과 계약만 맺으면 어떤 제조사나 무료로 쓸 수 있는 개방형 체제입니다. 그런데 개방했다고 하면 제조사 마음대로 변형도 할 수 있어야 하는데요. 하지만 구글은 계약서에 '무료로 주되 변형은 안 된다' 이런 이른바 '반파편화' 조항을 넣었는데요. 공정위는 스마트폰 운영 체제 시장을 지배하는 구글이 부당하게 거래를 강제했다, 이렇게 판단한 거로 전해집니다. 현재 제재안을 상정해 조만간 전원회의에서 제재 여부를 결정할 예정이고요. 안드로이드는 스마트폰 외에도 차량 내비게이션, 비행기의 오락 시스템 등 다양한 기기에 쓰이고 있는데요. 제재안에는 이런 계약 행태를 바꾸도록 하는 시정 명령이 담긴 걸로 알려지고 있는데, 심의를 통해 확정된다면 스마트폰 제조사는 물론이고 다양한 분야에 영향을 줄 전망입니다.

[앵커]

다른 나라에서도 연이어 구글 제재에 나서고 있다면서요? 공정위 결과는 언제쯤 나오게 될까요?

[기자]

이미 비슷한 혐의로 구글을 제재한 나라가 여러 곳 있는데요. 유럽연합, EU 집행위원회의 경쟁총국이 지난 2018년 10조 원이 넘는 벌금을 물렸고, 미국 법무부도 지난해 반독점 혐의로 구글을 기소하기도 했습니다. 최근에 구글이 앱 마켓뿐 아니라 앱 내 결제도 반드시 자신들을 통해서만 해야 한다 이런 제도를 도입한다고 예고했죠. 공정위는 이것이 끼워 팔기라는 개발사들의 신고를 접수하고 구글코리아에 현장 조사를 나가는 등 본격적인 조사에 나섰습니다. 올해 들어선 앱 마켓을 전담하는 한시 조직을 따로 만들기도 했는데요. 앞선 두 혐의는 올해 안에는 결론이 나오겠지만, 끼워 팔기 혐의는 더 많은 시간이 필요할 거로 보입니다.

4. 패셔너블리(fashionably) 드로잉 기법

아름다운 얼굴의 완성은 눈매를 이쁘게 교정하고 눈을 커보이게 하는 라인 기법이다. 일반적인 아이라인 기법에서 멈추지 않고 패셔너블한 드로잉 기법으로 아이 메이크업에 트렌드를 입혀 주는 라인 드로잉 기법은 지금까지 선보이지 않았던 새로운 테크닉이다. 기존의 메이크업 재료를 이용하여 특별한 날에 최고의 주인공이 될 수 있는 노하우를 짚어 보자.

4.1 패셔너블리(Fashionably) 메이크업

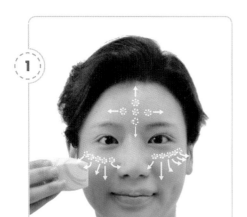

1. 깨끗한 피부를 연출하기 위해 프라이머를 사용하여 피부결을 따라 피부 속까지 채워 준다.
이때 프라이머는 얼굴에 표시된 부분부터 터치하여 얼굴 전체에 모공을 채워준다. 그리고 눈 주위나 콧볼 부위는 더욱 꼼꼼하게 두들겨 주어 골고루 펴 발라 주는 것이 중요하다.

2. 파운데이션을 바를 때는 눈주위의 나비존을 시작으로 이마의 중앙부터 위아래 좌우 방향으로 펴 발라 준다. 이때 헤어라인 부분은 경계선이 생기지 않도록 소량으로 터치해야 한다.
피부결은 한 방향이 아니고 누구나 여러 방향으로 피부주름이 형성되어 있기 때문에 부드러운 브러시를 사용하여 파운데이션을 발라 주어야 한다. 그리고 파운데이션의 밀착력을 높이기 위해서는 브러시brush로 또는 라텍스 스펀지로 두들겨 주어 마무리한다.

3. 파우더는 브러시를 직각으로 세워 파운데이션 위에 살짝 스치는 듯한 느낌으로 얼굴 전체를 쓸어준다. 이때 헤어라인 부분은 경계선이 생기지 않도록 브러시brush에 남아 있는 소량의 파우더를 이용하여 터치해 주어야 한다.

4. 생기 있는 얼굴빛을 표현하기 위해 얼굴 측면 부위에 핑크색이나 코랄컬러를 선택하는것이 좋다. 이때 브러시의 종류가 다양하지만 눕히지 않고 세워서 둥글리듯이 브러싱을 하면 좀 더 그러데이션gradation하기 쉽게 연출할 수 있다.

5(5-1). 셰딩shading은 브라운 컬러를 사용하여 목 부분에서 턱을 감싸주듯이 브러시를 사용하여 얼굴 윤곽을 화살표 방향으로 쓸어준다. 이때 턱선에 경계선이 생기지 않도록 손목에 힘을 빼고 브러시를 사용하는 것이 중요하다.

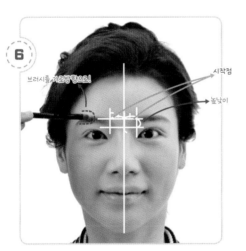

6. 눈썹은 눈썹의 시작점과 눈썹의 높낮이가 가장 중요하다. 눈썹을 그릴 때는 브라운 컬러를 사용하여 눈썹산부터 터 치하고 브러시에 남아 있는 잔여분으로 눈썹머리를 표현 한다. 눈썹꼬리 부분은 브라운과 블랙을 소량 혼합하여 컬 러를 표현한다.

여기서 눈썹을 그려줄 때 브러시의 방향이 중요하다. 눈썹 산과 머리 부분은 사각 브러시를 가로 방향으로 사용하여 야 선이 아닌 면으로 자연스러운 눈썹을 표현할 수 있다. (브러시 방향은 사진 참고)

7(7-1). 셰딩에서 사용했던 브라운 컬러로 눈썹 앞머리에서 콧볼을 향하도록 노즈를 자연스럽게 표현한다. 노즈 부위는 사 진의 표시된 영역을 참고한다. 아이섀도eyeshadow는 쌍거풀보다 살짝 위로 브라운 아이섀도를 사용하여 눈 모양 을 따라 완만하게 그러데이션 해준다. 눈꼬리는 눈의 연장선을 따라 확장되어 보이도록 하고, 눈앞머리는 콧볼을 향 하는 것처럼 화살표 방향을 참고하여 브라운 컬러를 그러데이션하여 눈을 커보이도록 표현한다.

4. 패셔너블리(fashionably) 드로잉 기법

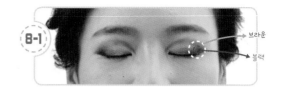

브라운 컬러부분의 중앙부분을 블랙으로 강조하기

8(8-1). 브라운 컬러를 사용한 곳에 블랙 컬러를 혼합하여 좀 더 선명하고 또렷한 눈매를 연출하여 준다. 여기서 눈꼬리 부분의 연장선에서 사진에 표시된 삼각형 부위를 피하여 눈꼬리가 올라가지도 내려가지도 않게 주의하도록 한다.

8-2. 아이섀도로 표현된 라인을 리퀴드 아이라인으로 눈매를 선명하게 드로잉해 준다.여기서 눈앞머리는 화살표 방향으로 표현하고 눈꼬리는 눈매의 연장선 방향으로 아이라인을 깔끔하게 표현한다.

설명: 아이홀 더블라인을 따라 젤 아이라인이나 아쿠아 컬러로 커피콩문양처럼 그려 준다. 이때 입체적인 표현을 위해 크기를 다양하게 그려 주고, 세필 브러시를 직각으로 세워서 깔끔하게 표현한다.

9. 눈 모양을 따라 아이라인을 그린 후 아이라인을 중심으로 입체적인 문양으로 드로잉을 해준다. 이때 문양의 디자인은 조금씩 변화를 주어야 하며 크기 또한 다양하게 표현하여 좀 더 입체적으로 연출한다.

9-1. 9-2. 눈매를 따라 그려 준 문양은 세부 사진을 참고한다. 언더 아이래시under eyelash는 리퀴드 아이라인으로 손목에 힘을 빼고 세필브러시로 한 가닥씩 그려 주어 입체감을 표현해 준다.화살표 방향으로 그려 주는 것이 중요하다.

언더속눈썹그리기
*세필브러시를
최대한 세워서
얇고 정교하게
입체적으로 표현하기!

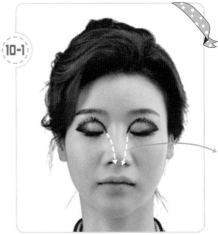

콧볼을
향하도록
⟨or⟩
콧볼방향으로

10. 눈매를 커 보이게 하기 위해서는 눈의 위/아랫부
분을 붙이지 않고 트여 주어야 눈매가 시원해 보
인다.

10-1. 라인 드로잉 디자인이 완성되면 눈 안쪽으로 블
랙과 브라운을 혼합하여 자연스럽게 그러데이
션 시켜 주어 좀 더 매혹적이고 깊이 있는 눈매
로 연출하여 마무리한다.

Nice Day

4.2 코랄 누드 메이크업(Coral nude Make-up)

데일리 메이크업에서 살짝 특별함의 포인트를 줄 수 있는 코랄 누드 메이크업~*결을 살린 아이브로의 특별한 변신 그리고 화사한 봄날을 떠올리게 하는 코랄빛과 누드 컬러의 환상적인 매치로 또렷하면서도 어려 보일 수 있는 아이메이크업을 완성해 보자.

1. 세안 후 피부에 충분한 수분감을 주고 기초 단계를 마무리한 후 파운데이션을 나비존 부분에 터치하여 파운데이션브러시로 얼굴 전체에 펴 발라 준다.
피부톤을 화사하게 연출하기 위해서는 잡티를 커버하고자 하는 부위에만 파운데이션과 컨실러를 혼합하여 스팟 부위에만 발라 주고 나머지 부분은 리퀴드 파운데이션으로 브러시를 이용하여 면적이 넓은 볼/이마 위주로 균일하게 펴 바른다. 그 다음 눈, 코, 입 부분을 꼼꼼하게 터치한다. 마지막으로 턱 부분은 진하지 않게 표현해야 한다. 입과 턱 부분에 파운데이션이 진하게 표현되면 나이가 들어 보이거나 답답하게 보일 수 있으므로 주의해야 한다.

2. 일회용 티슈에 소량의 파우더를 덜어 브러시를 살짝 돌려주고 파운데이션이 눌러지지 않도록 살짝 얹어주는 느낌으로 피부에 가볍게 쓸어 준다.
산뜻한 피부 표현을 위해서는 파우더 사용법이 중요하다. 가루 파우더를 티슈에 소량 덜어서 파우더 브러시로 둥글게 돌려주면서 브러시에 파우더를 입혀준다. 그리고 얼굴에 솜털이 살아나는 것처럼 얼굴에 파우더를 살포시 얹어주는 느낌으로 마무리한다.

3. 화사한 피부 표현을 위한 필수 아이템 볼 터치 투톤 브러시로 피부와 90도 각도로 세워서 광대뼈 부분에 둥글리듯이 터치한다. 볼터치 브러시는 일반 브러시와는 다르게 눕히지 않고 세워서 사용하는 것이 특징이다. 이때 볼 터치의 영역은 얼굴 정면과 측면이 맞닿는 경계선이라고 볼 수 있다. 러블리한 느낌을 표현하기 위해 진하지 않게 혈색만 살짝 보이도록 둥글리듯이 자연스럽게 그러데이션을 해준다.

4. 턱과 목의 경계선부터 얼굴의 측면까지 브라운 컬러로 얼굴을 감싸듯이 브러시로 그러데이션한다
셰딩shading은 페이스라인을 브라운 컬러로 목에서 턱선을 감싸듯이 브러싱을 해준다.
이마와 헤어 부분은 브라운→블랙 순으로 자연스럽게 그러데이션하여 헤어라인을 예쁘게 다듬어 준다.

노즈영역

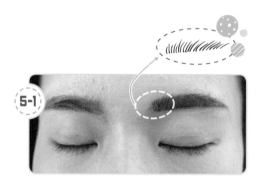

5. 눈썹은 눈썹의 시작점과 높낮이를 맞추는 것이 가장 중요하다. 그리고 브라운 컬러 2가지 정도를 혼합하여 선이 아닌 면으로 얼굴에 스며들어 있는 듯한 눈썹으로 표현해야 한다. 부드러운 브라운 컬러를 사용하여 노즈와 눈썹머리를 자연스럽게 연결해 주고 모델의 얼굴에 맞게 살짝 일자형으로 그려준 후 눈썹산과 꼬리 부분은 좀 더 진한 브라운 컬러로 나타낸다.

5-1. 입체적인 눈썹을 표현하기 위해서 아이셰도로 눈썹 베이스가 그려진 상태에서 브라운 젤 아이라인으로 눈썹결을 한 가닥씩 그려 준다. 이때 눈썹결을 표현할 때 눈썹의 여러 각도로 되어 있고 눈썹 길이가 다르므로 손목에 힘을 빼고 세필 브러시로 세심하게 표현하여야 입체감 있는 눈썹으로 표현할 수 있다.

눈썹결을 한가닥씩 그려서 입체감 있는 눈썹표현.

6(6-1). 눈매 끝부분에 코랄 컬러를 터치하고 남아 있는 여분의 아이셰도로 눈 앞머리까지 쓸어 준다. 아이보리 컬러의 아이셰도로 눈 앞쪽에서 코랄 컬러를 터치한 부분을 자연스럽게 연결하여 그러데이션해 준다. 언더셰도 또한 아이보리 컬러와 코랄 컬러를 애교살 부분까지 통일감 있게 터치해 준다. 6/6-1 사진과 같이 코랄컬러를 사용하여 쌍꺼풀라인을 따라 눈 앞머리까지 그러데이션 해준다.

눈매를 따라
완만하게 표현!!

45°

7(7-1). 눈을 뜬 상태에서 검은 눈동자 바깥 부분과 눈매 끝부분에 포인트 컬러로 주황색 아이섀도를 그러데이션해 주어 좀 더 또렷한 눈매를 연출해 준다. 이때 아이섀도 터치 방법은 사진과 같이 사선으로 브러싱 하여 사선 방향 그대로 눈매를 따라가듯이 쓸어 주면 자연스럽게 표현할 수 있다. 7-아이섀도(주황색 컬러 추가)/7-1 베이스/메인/포인트 아이섀도 컬러 중에 포인트 컬러의 위치에 주황색 메인 컬러로 생기 있는 눈을 표현한다. 이때 서브 사진을 참고하여 아이섀도를 브러싱하는 영역을 잘 눈여겨 보고 브러싱 후에 눈매를 감싸듯이 표현한다.

눈모양의
연장선으로
아이라인을
그려준다.

직삼각형의
여백이
나타나야 한다.

7-2. 7-3. 펜슬 타입 아이라인으로 점막을 먼저 채워준 후 리퀴드 아이라인으로 눈매의 연장선 느낌이 나도록 깔끔하게 그려 준다. 이때 리퀴드 아이라인 후 같은 컬러의 섀도를 한번 더 터치해 주면 번지는 것을 최소화할 수 있다.

8. 언더 아이라인 표현은 브라운 섀도나 펜슬 타입 라인으로 표현하고 더욱 또렷한 눈매를 나타내고 싶다면 블랙 컬러를 소량 터치할 수 있다.

깊은 속눈썹 연출을 하기 위해 내리듯이 눌러 올려준다.

9(9-1). 그윽한 눈매를 표현하기 위해서는 눈을 45도 각도로 내려다본 후 뷰러를 속눈썹 안쪽부터 밑으로 내리듯이 눌러준 후 서서히 위쪽 방향으로 올려 눌러 준다. 이때 한 번에 세게 눌러 주지 말고 손목에 힘을 빼고 3단계 정도 나눠서 뷰러를 사용해서 자연스럽게 속눈썹을 올려줄 수 있다.

10(10-1). 아이라인 후 브라운 섀도를 사용하여 쌍꺼풀 라인을 따라 자연스럽게 그러데이션해 준다. 브라운 섀도의 터치한 부분의 중앙 부분에만 포인트로 블랙 섀도를 사용하여 좀 더 깊이 있는 눈매로 연출하여 준다. 이때 중간에 끊어지는 느낌이 나지 않도록 브러시로 자연스럽게 쓸어주듯이 마무리하는 것이 중요하다.

11. 마스카라에 내장되어 있는 솔을 이용하여 눈썹을 말아올리듯이 감싸준다. 여러번 반복하여 점점 더 길고 풍성한 속눈썹을 연출한다.

12. 코랄 컬러 립스틱을 입술 중앙 부분에 발라 주고 립글로스로 입술 전체를 감싸듯이 발라 준다.

4. 패셔너블리(fashionably) 드로잉 기법 (47)

4.3 라인 드로잉(line drawing) 아트 메이크업

마치 가면을 쓴 듯한 착각을 불러일으키는 라인 드로잉 아트 메이크업~*. 더블라인 기법으로 눈을 커보이게 표현하고 아이홀을 중심으로 디자인하여 섬세하게 표현한다. 판타지 fantasy 느낌의 아트 메이크업으로 콘텐츠에 맞게 응용이 가능하므로 다양한 디자인으로 활용할 수 있다.

1. 세안 후 피부에 충분한 수분감을 주고 기초 단계를 마무리한 후 파운데이션을 나비존 부분에 터치하여 파운데이션 브러시로 얼굴 전체에 골고루 발라 준다. 아트 메이크업은 기존의 피부 표현보다 진하게 컨실러와 파운데이션을 혼합하여 피부 표현을 해주어야 한다.

2. 파우더는 끈적임을 없애 주는 정도만 살짝 스치듯이 쓸어 주는 느낌으로 파운데이션이 눌려지지 않도록 살짝 얹어 주는 느낌으로 피부에 가볍게 쓸어 준다. 얼굴에 솜털이 살아나는 것처럼 얼굴에 파우더를 살포시 얹어 주는 느낌으로 마무리한다.

3. 볼 터치는 투톤 브러시로 얼굴 정면과 측면의 경계선 부분에 자연스럽게 터치해 준다. 화사한 피부 표현을 위한 필수 아이템 볼 터치 투톤 브러시로 피부와 90도 각도로 세워서 광대뼈 부분에 둥글리듯이 터치한다. 볼 터치 브러시는 일반 브러시와는 다르게 눕히지 않고 세워서 사용하는 것이 특징이다.

4. 셰딩은 페이스라인을 브라운 컬러로 목에서 턱선을 감싸듯이 브러싱을 해준다.
이마와 헤어 부분은 브라운→블랙 순으로 자연스럽게 그러데이션하여 헤어라인을 예쁘게 다듬어 준다.

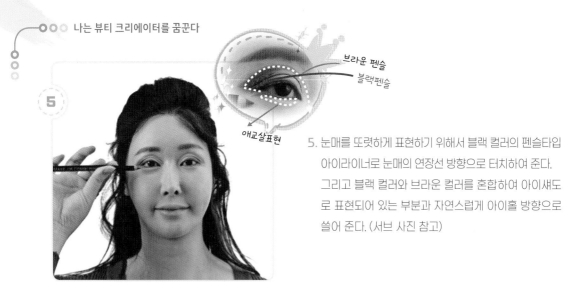

브라운 펜슬
블랙펜슬
애교살표현

5. 눈매를 또렷하게 표현하기 위해서 블랙 컬러의 펜슬타입 아이라이너로 눈매의 연장선 방향으로 터치하여 준다. 그리고 블랙 컬러와 브라운 컬러를 혼합하여 아이섀도로 표현되어 있는 부분과 자연스럽게 아이홀 방향으로 쓸어 준다. (서브 사진 참고)

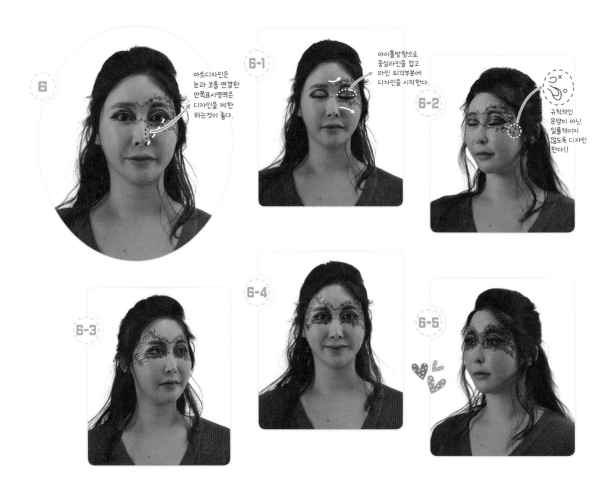

아트디자인은 눈과 코를 연결한 안쪽표시영역은 디자인을 제한 하는것이 좋다.

아이홀방향으로 중심라인을 잡고 라인 외각부분에 디자인을 시작한다.

규칙적인 문양이 아닌 일률적이지 않도록 디자인 한다!!

6 ~ 6-5. 표현하고자 하는 디자인 콘셉트에 맞게 드로잉하기 위해서는 일러스트 패턴북에 여러 번 디자인을 연습한 후에 얼굴에 디자인하면 좀 더 편하게 표현할 수 있다. 아이홀 부분부터 디자인하고 사진과 같이 단계별로 가면을 쓴 듯한 드로잉 기법으로 마무리한다.

5. 뷰티 크리에이터로 성공하기

유튜브 크리에이터가 되기 위한 가장 첫 번째 문제는 본인이 어떤 이유로 유튜브 크리에이터가 되고 싶어 하는지에 대한 깊은 고민이 필요하다. 명확한 목적의식이 없다면 시간이 지날수록 초심을 잃게되고 서서히 흥미를 잃게 될 수 있기 때문이다. 명확한 목적의식은 여러분이 유튜브 크리에이터로 성장하기 위한 든든한 기둥이 되어줄 중요한 존재이다. 그리고 본인이 좋아하는 것과 잘하는 것이 무엇인지 찾아서 그곳에서부터 조금씩 살을 붙여 나가는 것을 추천한다. 그렇게 살을 붙이다 보면 채널의 방향성이 서서히 모습을 들어내게 되며 그때부터 채널의 타깃을 정하고 나아갈 방향을 잡는다.

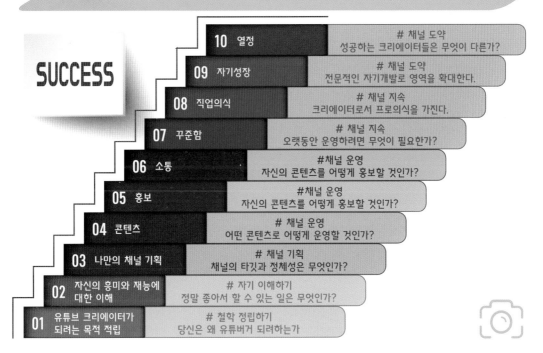

이후 채널에 채워 넣을 콘텐츠들을 만들고 SNS 등을 통해서 본인의 채널을 적극 홍보해야 한다. 아무리 좋은 콘텐츠가 있다고 해도 홍보가 되지 않아 시청자들이 보지 않는다면 아무 의미 없게 된다. 유튜브 알고리즘으로 노출되는 경우가 있기는 하지만 채널을 개설하고 영상이 많지 않은 경우엔 직접 홍보 활동을 하는 것이 매우 중요하다. 영상이 업로드되고 구독자가 늘기 시작하면 댓글이나 다른 SNS를 통하여 구독자와의 소통을 시작해야 한다. 매스 미디어가 가지고 있지 못한 장점이 들어나게 되는 순간이라 할 수 있겠다. 구독자의 피드백은 채널의 조회 수 상승은 물론이며 영상에 대한 집중도에도 큰 영향일 미치기 때문에 절대 소홀히 여겨서는 안 되는 부분이다. 그리고 가장 중요하면서 어려운 문제에 봉착하게 된다. 영상의 기획, 촬영 그리고 편집이라는 작업은 시간과 노력이 매우 많이 들어가는 고된 작업이다. 영상이 쌓이고 시간이 길어지면서 서서히 체력적으로나 정신적으로 피로를 느끼게 될 것이며, 어느 순간부터는 이 모든 것들이 하기 싫은 일이 되어 버리는 순간이 오게 된다. 이런 순간은 특수한 소수에게만 오는 것이 아니라 모든 유튜브 크리에이터들에게 오는 공통된 현상이다. 하지만 이럴수록 처음 생각했던 목적을 떠올리며 꾸준하게 콘텐츠를 업로드하는 것이 중요하다. 구독자들은 크리에이터의 새로운 컨텐츠를 기다리고 있으며 새로운 콘텐츠가 업로드되지 않는다면 결국 그 채널은 구독자들에게서 멀어지게 된다. 한 발 한 발 꾸준히 앞으로 나아가는 크리에이터가 결국 승리하게 되어 있다. 그 이후 한 사람의 크리에이터로서의 직업 의식과 채널 운영을 통한 자기개발, 그리고 크리에이터에서 또 다른 단계로의 도약을 할 수 있는 열정이 중요하다.

위에서 언급했던 내용들은 어찌보면 너무 교과서적인 내용으로 생각될 수 있다. 하지만 이런 기본들이 모이고 모이면 그 어떤 어려움도 극복해 낼 수 있는 든든한 나만의 콘텐츠 채널이 완성된다.

Chapter 03
오래 버티기 위한 필승 전략

모든 게 결국 존버, 즉 버티기다. 모든 일들이 그러하듯 결국 유튜브에서도 얼마나 오랫동안 지치지 않고 지속할 수 있느냐에 따라 성공과 실패에 대한 판가름이 나는 것이다.

1. 주제 선정의 원칙

유튜브는 시대와 세대를 초월한 하나의 언어이다. 이제 유튜브를 통해 무엇이 당신을 행복하게 하는지에 대해 투자를 할 때이다. 유튜브로 다양한 정보를 얻고, 영화를 감상하고, 즐거운 놀이를 하며, 돈까지 벌 수 있다. 하지만 유튜브가 누군가에게 관심을 끌거나 무작정 돈을 벌기 위한 수단이 되어서는 안 된다. 해로운 미세먼지로부터 유튜브 생태계를 보호하기 위해서는 신선한 소재의 같은 채널들을 많이 심어야 할 것이다.

1.1 유튜브 채널 개설을 위한 10가지 필(必)계명

1. 자신이 좋아하는 걸 찾자. 유튜브 채널 개설에 가장 우선적으로 고려해야 할 것은 자신의 만들고자 하는 콘텐츠를 얼마나 좋아하고 있느냐이다. 이것은 시청자들에게 진정성 있는 느낌을 전달할 뿐만 아니라 오랫동안 콘텐츠를 지속적으로 제공할 수 있느냐와 직결되는 것이므로 반드시 자신의 즐길 수 있는 장르를 찾아야 한다.

2. 남들이 한다고 무작정 따라 하지 말자. 지금은 누구를 흉내 내기보다는 당신만의 고유한 개성

을 펼칠 때이다.

3. **개인적인 이야기를 만들자.** 개인의 이야기나 가족 및 친구 이야기를 채널로 만들어도 좋다. 이러한 진정성 있는 이야기가 오히려 시청자 구독자를 사로잡을 수 있다.

4. **최소한의 방송 윤리는 지켜자.** 개인의 생각을 스스럼없이 이야기할 수 있는 것이 유튜브 방송의 특징이지만, 이슈화하기 위해 규명되지 않은 정보를 흘려서는 안 된다.

5. **남들이 시도하지 않는 콘텐츠 개발에 관심을 두자.** 물론 자신이 하고자 하는 채널을 이미 다른 사람이 하고 있다 하더라도 그 채널보다 완성도를 높일 수만 있다면 주저하지 말고 시작해 보자.

6. **적어도 1년 동안은 꾸준히 업데이트를 하자.** 첫 술에 배부르지 않는다. 꾸준히 콘텐츠를 만들다 보면 언젠가는 당신의 채널을 찾아 주는 독자층이 다양해질 것이다.

7. **교양/교육 콘텐츠라도 재미있게 만들자.** 공중파 채널이 유튜브 콘텐츠에 밀리는 이유는 단 하나, 재미가 없기 때문이다. 만약 입담이 부족하다면 화려한 편집으로 승부하자. 편집의 기술로도 시청자의 시선을 충분히 사로잡을 수 있기 때문이다.

8. **성공한 채널과 실패한 채널을 분석하자.** 잘 나가는 채널과 사람들의 발길이 끊긴 채널에는 반드시 이유가 있기 때문이다.

9. **시청자들의 의견과 댓글을 활용하자.** 초기에는 아무도 없는 황무지 같은 채널이지만 운영을 하다 보면 몇몇의 구독자들이 댓글을 달게 될 것이다. 이러한 댓글은 채널을 발전시키는 데 중요한 역할을 한다.

10. **자신의 콘텐츠 가치에 대해 끊임없이 질문하자.**

1.2 1인 방송(유튜버) 콘텐츠 제작 과정

1.2.1 기획 및 촬영 과정

- <u>기획하기</u> 자신이 만들고자 하는 콘텐츠에 대해 무엇을, 왜, 어떻게 만들 것인지에 대해 고민하기.
- <u>아이디어 구상하기</u> 정해진 콘텐츠에 재미를 가미할 수 있는 다양한 아이템 구상하기.
- <u>스토리텔링 만들기</u> 스토리 보드를 작성하여 제작할 콘텐츠의 전체적인 흐름 구성하기.
- <u>장소 정하기</u> 조용하고 부담 없이 촬영할 수 있는 공간 원룸, 스튜디오 등 섭외하기.

- 장비 및 소품 구성하기 스마트폰 및 DSLR, 삼각대, 짐벌, LED 조명, 핀마이크, 크로마키 배경 등 촬영에 필요한 다양한 소품 구성하기.
- 촬영하기 가급적 흔들이지 않게 촬영하는 것이 좋으며, 지루하지 않는 화면 구성을 위해 다양한 각도와 장소에서 촬영하며, 촬영된 원본 클립들은 주제별로 정리해 놓기.

1.2.2 편집 과정

- 프로젝트 생성 콘텐츠 주제와 규격에 맞는 프로젝트 생성하기.
- 작업 소스 가져오기 편집에 사용할 클립들은 별도의 작업 폴더로 복사해 놓고 사용하기.
- 편집하기 불필요한 테크닉을 난발하기보다는 시청자가 편하게 볼 수 있도록 깔끔한 느낌으로 편집하기. 스피커보다는 헤드셋 이용
- 효과 및 자막 넣기 클립을 색 보정하고, 장면의 변화를 주는 비디오, 오디오, 장면 전환 효과 적용 및 장면의 부연 설명을 위한 자막 만들기.
- 모션 및 합성하기 클립 컨트롤을 이용하여 화면에 움직임을 주고, 크로마키와 마스크를 이용하여 장면 합성하기.
- 타이틀 인트로 제작하기 모션 기법을 활용하여 콘텐츠 도입부에 사용할 시선을 끄는 타이틀 인트로 제작하기.
- 최종 출력 파일 만들기 작업이 완료된 편집분을 유튜브용 동영상 파일로 만들어 업로드하기.

2. 유사 채널을 분석하자

어떠한 프로젝트를 시작하기 전에는 반드시 자신이 하고자 하는 채널과 유사한 채널에 대한 분석이 필요하다. 유튜브의 넓은 바다에서 살아남아 최고의 채널이 된 채널의 특징은 크게 세 가지 요소로 구분된다.

1. **사람**(인물): 유튜브 거의 모든 채널은 사람이 등장한다. 그리고 출연하는 사람이 얼마큼의 매력이 있는지에 따라 그 채널의 인기는 좌우된다. 그만큼 사람의 매력은 중요하다. 유튜브를 시작하려 한다면 '나만의 매력'을 찾아야 한다.

2. **기획력**: 아무리 훌륭한 재능을 갖고 있는 유튜버라도 좋은 기획을 만나지 못하면 사람들의 이목을 끌 수 없다. 반대로 특출난 재능이 없어도 뛰어난 기획력이 있다면 시청자에게 재미와 감동을 줄 수 있다. 이렇듯 뛰어난 기획력은 판을 바꾸기에 충분한 요소이다.

3. **영상 편집**: 편집은 뛰어난 매력의 유튜버와 기획력을 더욱더 돋보이게 하거나 반대로 망치게 할 수 있는 판도라의 상자가 될 수도 있다. 통통 튀는 감각적인 편집은 사람들의 눈과 귀를 사로 잡을 수 있는 중요한 요소이다.

2.1 지피지기면 백전백승

유튜브 등에서 많은 구독자를 모은 사람들을 셀럽 또는 인플루언서라고 한다. 최근에는 플랫폼도 종류가 많아서 누가 얼마나 화제가 되는 사람들인지 알기가 어렵다. 마케팅을 위해서는 어떤 인플루언서가 어느 매체에서 얼만큼의 위상을 가지는지 파악할 필요가 있다.

2.1.1 유튜브 랭킹을 주목하자

잘 나가는 유튜브 채널을 분석하기 위해서는 몇몇 유튜브 랭킹 사이트에서 제공하는 정보를 활용하는 것이 필요하다.

1. **녹스 인플루언서**(https://kr.noxinfluencer.com): 유튜버의 구독자 순위, 조회 수, 채널 예상 수익까지 다각도에서 분석하는 사이트이다. 인스타, 틱톡, 트위치도 있지만 유튜브에 대한 분석 내용이 더 많다. 한국, 미국, 일본 등 인기 지역의 분석도 볼 수 있다. 특히 운영자의 티스토리 블로그를 운영하면서 자세한 내용들을 올려주고, 분석한 알고리즘에 대해 자세히 설명해 주기 때문에 신뢰가 간다.

2. 블링(https://vling.net): 가장 정확한 유튜버 검색 엔진이며, 트렌드 분석에 능한 사이트이다. 핫 트렌드나 뜨는 해시태그 등 SNS 마케팅에 필요한 정보를 제공하고 있다. 일부 내용은 회원 가입을 해야 볼 수 있고, 프리미엄 회원에게만 제공되는 정보도 있어 기업에서 SNS 마케팅 담당자라면 필수로 가입해야 할 사이트이며 국내 SNS 트렌드를 다룬다.

3. 소셜러스(https://socialerus.com): 유튜버 순위, 급상승 채널 분석, 유튜브 광고 아시아 최초 유튜브 빅데이터 랭킹/분석 사이트이다. 아시아에서 가장 오래되었으며, 다양한 IT 인프라를 통해 분석하는 기업들도 이용하고 있다.

4. **유튜브 랭킹**(https://youtube-rank.com): 랭킹을 직관적으로 볼 수 있다. 몇 번의 클릭이면 자신이 원하는 카테고리를 순위별로 볼 수 있다. MY 채널 스크랩 기능을 사용하려면 회원 가입과 로그인이 필요하며 국내 채널 순위만 볼 수 있다. 커뮤니티에서 관리자가 직접 소통할 수 있으며 신속히 순위를 확인하고 싶을 때 유용하다.

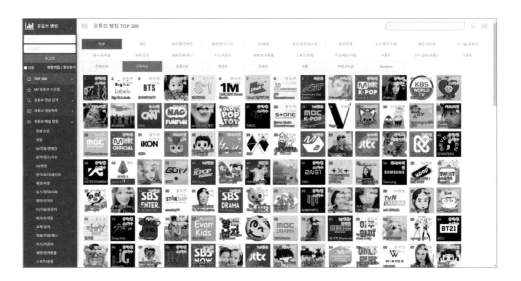

5. **플레이보드**(https://playboard.com): 기본적으로 순위 차트를 제공한다. 급상승/급하락 차트도 볼 수 있고 슈퍼챗 순위에 특화되어 있다. 세계의 슈퍼챗 방송을 실시간으로 업데이트하고 있는데 특이한 건 상위에는 일본 채널이 많고 한국 채널도 있다. 실시간으로 유튜버의 수익을 확인할 수 있다.

2.1.2 타깃 선정은 성공의 8할

자신이 좋아하는 것을 한다고 하여 반드시 성공하는 것은 아니다. 만약 성공에 대한 목표를 두고 채널을 운영할 것이라면 타깃 선정이 중요하다.

1. 자신이 좋아하는 채널 목록을 1~10까지 정리하자.
2. 자신이 지속적으로 할 수 있는 채널 목록을 1~5까지 함축하자.
3. 함축된 1~5까지의 목록 중 대중이 좋아할 만한 것을 분석하자.
4. 분석된 결과를 토대로 1~3 목록을 선정하자.
5. 선정된 목록을 주변에 설문하여 가장 관심을 많이 받은 것을 최종 선택하자.

〈페이스북에서 설문조사 폼 만들기〉

페이스북이나 인스타 등의 SNS소셜네트워크 서비스 계정을 가지고 있다면 이 플랫폼을 통해 친구나 지인들에게 쉽게 설문할 수 있다. 여기에서는 페이스북을 통해 설문조사 폼을 만들어 활용해 보기로 한다.

페이스북에 로그인한 후 그룹 메뉴를 선택한다.

그룹으로 들어가면 이전에 가입한 그룹 중 설문을 하고자 하는 그룹 또는 자신이 만든 그룹을 선택한다.

원하는 그룹에 들어가면 토론에서 게시물 입력 폼을 선택한다.

게시물 만들기 창이 열리면 우측 하단의 [더 보기] 버튼을 클릭한다.

게시물에 추가 창이 열리면 [설문] 버튼을 클릭한다.

게시물 만들기 창이 열리면 설문에 대한 설명을 입력한 후 설문 추가 항목에 원하는 채널명을 입력한 후 [게시] 버튼을 클릭하여 설문 게시물을 추가한다.

〈참고〉더 많은 설문 항목을 추가하고자 한다면 [선택 항목 추가] 버튼을 클릭한다.

• 등록된 게시물을 확인해 보면 방금 만든 설문 이 게시된 것을 알 수 있다. 여기에서 하나의 항목을 체크해 보면 투표한 표 수와 투표자의 정보가 나타나는 것을 알 수 있다. 살펴본 것 처럼 페이스북과 같은 SNS를 활용하면 쉽게 설문을 할 수 있으니 잘 활용하기 바란다.

2.1.3 매력적으로 느껴지면 밤새 벤치마킹하자

최종적으로 결정된 채널장르이 있다면 이제 유사 유튜브 채널을 찾아 벤치마킹해 보자. 학 창 시절 시험날이 다가올 때면 했던 벼락치기 밤샘 공부처럼 철저한 분석과 통계를 통해 성공 할 수 있는 다양한 방법들을 데이터화한다.

플레이보드에서 제공되는 소연뷰티 채널 분석 데이터

몇몇의 유튜브 랭킹 사이트에서 찾아보면 최근 이슈가 되는 채널을 소개하고 시청자 피드백, 키워드 조회 수, 구독자 등에 대한 정보를 확인할 수 있다. 특히 제공되는 최신 영상을 통해 왜 시청자_{독자}들이 늘어나고 있는지 기획, 콘셉트, 촬영, 편집 등은 어떻게 이뤄졌는지 살펴보아야 하며, 키워드에 사용된 단어는 어떻게 사용했는지 또한 눈여겨보았다가 자신의 채널에 활용해야 한다.

키워드
coreana 모델피부관리 모델 피부 coreana beauty Pele de mulher core... a coreana beauty 피부관리방법 clarear a pele Brasil Coréia 피부가 좋아지는 방법 피부 꿀팁 Beleza da pele Cuidados com a pele Maquiagem coreana eficiente da pele soyeon 한국여자 뷰티 beauty tip 소연뷰티 a cuidados com pele 피부관리 modelo beleza 한국뷰티 korean model brasil skin care k-beauty

이러한 정보 제공 사이트를 활용한다면 최근 상승세에 있는 채널과 하락세에 있는 채널들을 분석하여 그 이유에 대해 데이터화한다면 자신의 채널을 만들고 지속적으로 유지하기 위한 해법을 찾을 수 있을 것이다.

2.1.4 시작한 지 한 달이 넘었는데 아직도 왜 아흔아홉 명인가?

유튜브를 시작하는 분들 대부분이 자신이 생각한 만큼 구독자가 늘지 않아 고민하게 된다. 믿었던 지인들조차 모두 구독해 주는 것이 아니기 때문에 더욱 신경이 쓰이게 되고 하루하루 지나도 꿈쩍도 하지 않는 구독자 수에 조바심마저 느끼게 된다. 만약 한 달이 넘었는데도 구독자 수가 늘지 않는다면 다음의 내용을 잘 참고하여 문제점들을 개선하기 바란다.

1. **구독자가 볼 만한 충분한 콘텐츠 개수 만들기**: 만약 자신의 채널에 콘텐츠가 열 개 미만이라면 서둘러 콘텐츠 개수를 늘리기 위해 노력을 해야 할 것이다. 대부분의 구독자들은 지금 당장이 아니더라도 자신이 보고자 하는 콘텐츠라고 판단되면 이후에 반드시 찾아오게 되는데, 콘텐츠 개수가 부족하다면 일단 채널에 대한 신뢰가 떨어지게 되므로 구독하기에 주저하게 된다.
2. **타 채널에 대한 반감 버리기**: 자신의 채널에 콘텐츠를 늘리는 것보다 타 채널에 구독자가 많은 이유를 부정적으로 바라보는 시선은 버리는 게 좋다. 유명한 연애인이기 때문에, 이슈거리만 집중적으로 업로드하기 때문에, 등등은 자신의 채널을 발전시키는 데 결코 도움이 되지 않는다. 이러한 생각은 자신의 콘텐츠에 대한 지나친 우월감이 있을 가능성이 높으며, 구독자가 무엇을 원하는지 무시하게 된다. 그러므로 시간 날 때마다 어떠한 콘텐츠가 구독자에게 반향을 일으킬 수 있을까에 대해 고민해야 할 것이다.

3. 타 채널에 스팸 댓글과 스팸 홍보하지 않기: 다른 유튜버가 운영하는 채널에 자신의 채널을 홍보하기 위한 스팸 댓글을 올리게 되면 이 댓글을 본 유튜버나 구독자들에게 오히려 자신의 채널에 대한 신뢰도를 떨어뜨리게 된다. 이것은 홍보 효과보다 '오죽 재미없으면 이런 곳까지 와서 홍보를 할까?'하는 불신으로 아예 채널을 거들떠보지 않게 되는 심리적 요인이 커지게 된다.

2.1.5 잘 나가는 채널엔 반드시 이유가 있다

유튜브를 시작하면 지인들 이외 다른 구독자가 처음에는 거의 늘지 않는다. 이것은 자신의 콘텐츠가 다른 사람들에게 전혀 노출이 되지 않았기 때문이다. 물론 운 좋게 외부에 노출되었더라도 다른 사람들은 굳이 '구독' 버튼까지 눌러 주는 경우는 흔치 않다. 그래서 구독자 수는 지인들이 해준 것으로 한동안 머물게 있게 된다.

그렇다면 10만, 100만 구독자를 거느리는 유튜버들은 어떻게 그 많은 추종자들을 거느리게 될 수 있었던 것일까? 다음의 다섯 가지는 잘 나가는 유튜브 채널의 공통적 요소이므로 자신의 채널의 구독자 수를 늘리는 데 잘 활용하기 바란다.

1. 유튜브를 시작하게 된 계기와 철학이 뚜렷하다: 대부분의 처음 시작하는 유튜버들은 막연히 유튜브를 통해 돈을 벌기 위해 시작한다. 물론 돈을 벌기 위해 유튜브 채널을 운영하는 것은 당연하다. 하지만 단순히 돈만 생각하고 채널을 운영하게 되면 시간이 흐를수록 콘텐츠를 만들어야 하는 철학과 목표가 없기 때문에 업로드하는 간격과 횟수가 눈에 띄게 줄어들게 된다. 그러므로 왜 유튜브 채널을 시작하게 되었는지에 대한 철학과 목표를 가지고 있어야 한다. 잘 나가는 유튜버들은 남들이 어떤 시선을 갖던 자신의 철학과 목표가 뚜렷하다는 것을 알 수 있다. 예를 들어 '가로세로연구소'는 필자 포함 많은 사람에게 욕을 먹고 있지만 60만이 넘는 많은 구독자지지자를 거느리고 있는 것을 보면 모든 사람들이 같은 시선으로만 보는 것만이 아님을 알 수 있다.

2. **자신의 재능과 흥미 요소를 확실하게 알고 있다**: 콘텐츠 장르가 정보를 전달하기 위한 내용이든 교육적 목적이든 즐거움을 주는 예능이든 상관없다. 자신이 가지고 있는 재능을 마음껏 표현할 때의 자신감 넘치는 모습과 흥미롭게 진행하는 모습은 곧바로 구독자에게 전달되기 때문에 억지로 하는 방송이 아니라는 것을 보여 주어야 한다. 한 가지 덧붙인다면, 시청자들에게 즐거움을 주기 위해 자신의 망가진 모습을 보여 줄 수 있는 용기가 있다면 이미 성공한 유튜버로서 한걸음 다가선 것이다. 다음 그림은 '최마태의 노잼 일기장'이란 채널이다. 멀쩡하게 생긴 사람이 남들을 웃겨 주기 위해 스스로 망가진 모습을 보여 주는 콘셉트인데 이렇듯 시청자들에게 웃음을 선사하기 위해 노력하는 모습을 통해 12만 명의 구독자를 거느리고 있다.

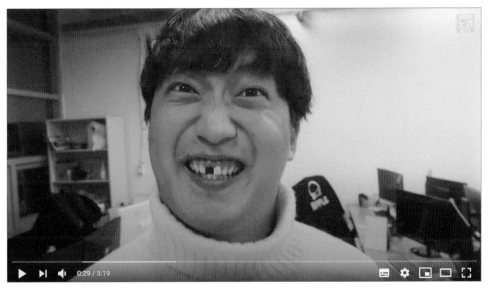

최마태의 노잼 일기장

3. **독자들과 소통을 잘한다**: 소통은 말 그대로 자신의 채널을 구독하는 독자들과의 소통이다. 물론 라이브 방송이 아니라면 실시간 소통이 불가능하지만, 독자들이 남긴 댓글을 읽고 정성이 담긴 답글을 남기는 것은 독자들에게 친근함과 성실함을 줄 수 있으며, 또한 독자들이 남긴 댓글을 통해 자신의 채널을 발전시킬 수 있는 피드백으로 활용할 수 있다. 조회 수가 높더

라도 댓글이 많지 않다는 것은 소통이 원활하지 않는 것이기 때문에 이러한 채널은 오래가지 못할 가능성이 높다. 다음 그림은 '지니드럼'이라는 채널인데 독자들의 댓글보다 채널 운영자의 답글이 더욱 길고 정성스럽다는 것을 알 수 있다. 이러한 소통은 시간을 많이 빼앗길 수 있지만 자신의 채널을 키우기 위해서는 반드시 필요하다.

4. **전략적인 홍보를 잘한다**: 홍보, 즉 마케팅은 비즈니스의 꽃이라 부른다. 유튜브 채널 또한 비즈니스이므로 자신의 채널을 널리 알리기 위해서는 페이스북이나 인스타그램, 블로그 등과 같은 SNS를 적극 활용하거나 자신의 채널과 콘셉트가 맞는 장소에 가거나 사람들을 만날 때에도 잊지 말고 명함이나 전단지 등을 통해 채널을 홍보할 수 있어야 한다. 홍보를 위한 또 하나의 방법으로는 콘텐츠 섬네일 디자인인데, 섬네일 디자인으로 통해 호기심을 유발할 수 있으므로 눈에 띌 수 있는 섬네일 디자인 전략이 필요하다. 다음 그림은 필자가 운영하는 '아이피아'의 '냉장고를 털어라'라는 유튜브 콘텐츠이다. 홍보를 위해 월간지 광고에 들어가는 홍보물과 출연진들의 캐릭터 그리고 명함도 콘셉트에 맞게 전략적으로 제작하였다.

개인적으로 운영하는 채널인 경우 이와 같은 세부적인 홍보물을 제작하지는 못하더라도 섬네일이나 명함 정도는 감각적으로 제작할 필요가 있기 때문에 적어도 이 두 가지 부분만이라도 각별히 신경을 써야 할 것이다.

5. 업데이트를 꾸준하게 잘한다: 한두 개의 콘텐츠를 올렸다고 해서 채널이 대박 나는 게 아니다. 물론 하나의 콘텐츠로 이슈가 되는 경우는 있지만, 이슈에서 끝나지 않기 위해서는 지속적인 콘텐츠 업데이트가 필요하다. 대부분의 독자들은 지속적으로 업데이트되는 콘텐츠에 관심을 갖게 되고 구독하기를 하게 되므로 꾸준하게 업데이트할 수 있도록 한다. 필자가 쓴 책 중에 《돈 1도 안 쓰고 잘 나가는 유튜브 동영상 편집 하루 만에 끝내기》라는 책이 있다. 이 책을 통해 수천 명의 독자들이 자신의 채널을 만들어 운영하다 한 달도 넘기기 전에 채널을 삭제하는 것을 보았다. 채널의 성공은 적어도 1년 이상 꾸준한 콘텐츠 업데이트를 통해 이루어지기 때문에 포기하고 지속적으로 업데이트할 수 있는 인내력이 필요하다. 유튜브의 신 '대도서관'은 최소 2~3년 동안 꾸준히 뻘짓을 하면 언젠가는 빵 터지겠지라는 생각으로 게임, 패션, 영화, 요리 등의 콘텐츠를 꾸준히 업데이트할 결과 유튜브의 신이란 수식어까지 얻게 된 자수성가한 대표 유튜버이다.

2.1.6 이왕 시작한 거 인플루언서에 도전해 보자

인플루언서influencer는 유튜브, 트위터, 인스타그램 등과 같은 SNS에서 구독자를 많이 거느린 사람을 말한다. 그렇다면 어느 정도의 구독자를 거느려야 인플루언서란 호칭을 얻을 수 있을까? 일반적으로 유튜브에서의 인플루언스는 10만 명 이상의 구독자를 거느린 유튜버을 칭하는데, 아무리 많은 구독자가 있다 하더라도 독자들에 대한 파급력이 없다면 인플루언서란 호칭은 무의미하다. 이왕이면 다홍치마란 말이 있듯이 유튜브 채널을 시작할 거라면 포부를 크게 갖길 권한다. 100만 대군을 이끄는 유튜버가 되기 위한 목표를 가지고 시작해 보자. 그러면 최소 10만 독자는 거느릴 수 있을 것이다. 목표가 크면 그만큼 그에 상응하는 노력을 하기 때문에 이왕 시작한 거 인플루언서에 도전해 보길 바란다. 파급력이 높은 인플루언서가 되면 콘텐츠에 대한 수익뿐만 아니라 다양한 인플루언서 마케팅을 할 수 있기 때문에 그만큼 높은 수익을 창출하는 데에도 큰 기여를 하게 된다.

EBS에서 방영된 인플루언서 마케팅 소개 영상

3. 나만의 채널을 만들자

이제 본격적으로 자신만의 유튜브 채널을 개설하는 과정에 대해 알아보자. 앞서 살펴본 내용과 지금 살펴볼 내용을 토대로 어떠한 채널을 만들 것인지 결정되었다면 스케줄에 맞춰 채널 개설을 시작해 보자.

3.1 자원 확인

자원의 사전적 의미는 인간의 생활 및 경제 생산에 이용되는 물적 자료 및 노동력, 기술 등을 통틀어 이르는 말이다. 그렇다면 유튜브 채널을 운영하기 위한 자신만의 자원은 어떠한 것들이 있을까? 이것은 자신의 채널을 운영 및 관리하기 위해 중요한 요소이므로 시작하기 전에 반드시 체크해야 한다.

1. **개설할 수 있는 채널(콘텐츠)은 얼마나 있나**: 자신이 할 수 있는 최대한의 장르는 몇 가지인가를 파악해 본다. 만약 하나의 장르밖에는 할 수 없다면 이 하나에 모든 것을 걸어야 하지만, 재능이 넘쳐 여러 개의 채널을 운영할 수 있다면 하나의 채널에 올인해야 하는 부담감을 줄일 수 있어 그 다양성만큼 성공할 확률도 높아진다. 하지만 지나치게 다양한 주제를 체계적으로 운영하지 못하고 중구난방으로 보여 준다면 자신의 캐릭터가 명확하지 않기 때문에 여러 채널을 운영하는 의미가 없어진다. 그러므로 반드시 체계적으로 할 수 있는 주제만을 선정하여 시작해야 할 것이다.

2. **용병은 얼마나 되나**: 혼자서 기획, 대본, 연출, 촬영, 편집, 관리 등의 작업을 모두 할 수 있는 기술을 보유했다면 문제가 되지 않겠지만, 이 많은 작업을 혼자서 하는 것을 쉽지 않다. 유튜브 채널을 시작하고자 하는 대부분 사람들은 많은 유튜버가 혼자서 쉽게 콘텐츠를 제작하여 업로드한다고 생각하는 경향이 있는데 이것은 큰 착각이다. 만약 혼자서 채널을 운영할 생각이라면 이와 같은 기술들을 익혀야 하는 시간이 필요하므로 자신의 취약한 영역(기술)은 주변에 도움을 요청하는 것이 효율적이다.

3. **시간과 비용은 충분한가**: 유튜브 채널을 개설한다는 것은 단순히 촬영하고 편집하여 업데이트하는 것만이 아니다. 우선 최소 일주일이 한 번 이상 콘텐츠를 업데이트할 수 있는 시간의 여유가 있는지, 촬영(조명) 및 편집에 사용되는 장비를 구매할 수 있는 비용은 충분한지 등은 지속적인 콘텐츠 제작에 중요한 요소이므로 반드시 체크해야 할 부분이다. 다시 말해 유튜브 채

널을 운영한다는 것은 긴 마라톤 코스를 달리는 고독한 싸움이므로 코스를 완주할 수 있는 시간과 비용 그리고 체력을 갖춰야 할 것이다.

3.2 시간 관리

지상파KBS, MBC, SBS 방송이나 케이블JTBC, TVN 등의 종편 방송들의 모든 정해진 날짜와 요일 그리고 시간에 맞춰 약속된 프로그램을 방영한다. 이것을 시청자들과의 약속이기에 특별한 사정이 생기지 않는 한 이 약속된 시간에 프로그램을 방영한다. 이러한 약속이 지켜지지 않게 되면 시청자들은 자신이 원하는 시간에 보고자 하는 프로그램을 볼 수 없기 때문에 혼란을 겪게 되고, 결국 보고 싶었던 프로그램도 외면하는 결과를 초래할 수 있다. 물론 유튜브 방송은 지상파나 케이블 방송보다는 자유롭게 시간 편성을 할 수 있지만, 적어도 업데이트되는 요일만이라도 지정해 주어야 시청자독자들의 혼란을 막을 수 있다. 유튜브 방송 또한 시청자들을 위한 서비스이므로 최소한의 시청자들에게 편의를 제공해 줄 수 있도록 해야 한다.

1. **년 단위로 해야 할 것**: 유튜브 채널 개설하고 지속적인 업데이트를 한다는 것은 기나긴 자신과의 싸움이다. 적어도 1년 길게는 2~3년 이상의 계획을 세워야 지치지 않고 끝까지 완주할 수 있다는 것을 명심하고, 1년 동안 몇 편의 콘텐츠를 제작할 것인지 구상하고 유지할 수 있는 경제적 여력은 있는지 확실하게 해야 한다. 긴 레이스에서 대부분의 초짜 유튜브들은 경제적 여유로 인해 채널을 삭제하는 경우가 많기 때문이다.

2. **월 단위로 해야 할 것**: 년 단위의 계획을 잡았다면 보다 구체적인 실무적 계획을 잡는다. 아직 유튜브 채널 수익이 없는 상태이기 때문에 구독 유치를 위해 페이스북이나 인스타그램과 같은 SNS 계정을 만들어 채널 홍보마케팅를 위한 구체적인 계획을 잡는다.

3. **주 단위로 해야 할 것**: 최소 한 주에 한 개 이상의 콘텐츠를 업데이트를 하기 위한 준비를 철저히 해야 하며, 가능한 한 몇 주 분량을 미리 제작하여 혹시 모를 결방에 대비한다. 또한, 홍보를 위한 SNS 계정에 게시할 게시물관련 사진, 음악, 영상 등을 미리 준비해 둔다.

4. **일 단위로 해야 할 것**: 하루의 모든 시간을 채널 운영에 투자할 수 있는 초짜 유튜버는 거의 없을 것이다. 그러므로 하는 일본업, 알바 등에 방해를 주지 않는 시간을 정하여 채널에 올라온 댓글에 답변을 달아 주고 홍보를 위한 SNS 계정도 꼼꼼하게 살피어 댓글에 대한 답변이나 준비한 게시물은 올려서 구독자 유치를 위한 친밀감을 형성한다.

3.3 목표 설정

목표 설정은 긴 시간 동안 자신의 채널을 유지하는 데 가장 중요하다. 남들이 한다고 무작정 시작한 유튜브가 아니라면 1년 정도의 기간을 정해 목표를 정하길 권한다. 이러한 목표 설정은 긴 레이스에서 지치지 않기 위한 확실한 동기 부여가 되기 때문에 목표 설정은 더욱 견고히 해야 한다.

1. **100개의 콘텐츠 제작하기:** 최소 1주일엔 한 개의 콘텐츠를 제작하더라도 1년이면 52개의 콘텐츠가 완성된다. 처음엔 콘텐츠가 언제 늘어나나 한숨만 쉬게 되겠지만 티끌 모아 태산이 되듯 1년이라는 시간은 제법 그럴싸한 채널을 풍요롭게 하고 성취감을 느끼게 해줄 것이다. 더 나아가 1주일에 두 개의 콘텐츠를 제작한다면 1년에 104개의 콘텐츠를 보유하는 부자 계열에 오를 수 있으니 얼마나 성취감이 크겠는가? 성취감은 곧바로 지속적인 채널 운영의 에너지가 되므로 적어도 1년 동안만이라도 딴생각하지 말고 목표를 수행하도록 한다.

2. **10만 구독자 만들기:** 1년 동안 채널을 운영하기 위한 원동력 중 가장 힘이 나는 것은 것은 1년 후 10만 이상의 구독자를 거느리는 인플루언서가 되는 것일 것이다. 10년이면 강산도 바뀌듯 10만 구독자라면 직업도 바뀌게 된다. 만약 1년 동안 열심히 채널을 운영하여 10만 구독자를 유치했다면 이제 웬만한 월급쟁이보다 높은 고연봉자를 목표를 정한다면 1년이라는 긴 레이스에서도 지치지 않을 것이다.

3. **100만 조회 수 만들기:** 구독자 수와 조회 수는 채널을 운영하는 데 힘을 얻는 가장 큰 원동력이 된다. 그것은 구독자와 조회 수는 채널 수익에 직결되기 때문이다. 그중 수익에 영향을 주는 것은 구독자 수보다 콘텐츠 조회 수이기 때문에 조회 수를 늘리기 위한 콘텐츠 제작에 신경을 써야 할 것이다. 조회 수가 높아지게 되면 구독자로 직결되지는 않더라도 분명 더 많은 구독자 유치에 도움이 된다.

4. **'좋아요'보다는 많은 댓글이 달리도록 하기:** 유튜브 채널을 운영하는 목적은 수익 창출을 위한 것이기도 하지만 수익을 위해서는 많은 구독자와 소통을 해야 한다. 소통은 댓글에 답변에 의해 이루어지기 때문에 댓글이 달릴 수 있는 공감되는 콘텐츠 제작에 신경을 써야 하고, 하나의 댓글이라도 소홀히 여기지 않고 정성스럽게 답변을 해주도록 한다.

3.4 입에 착 달라붙는 채널명 만들기

채널의 이름은 유튜브 콘텐츠만큼 중요하다. 그렇다면 성공하여 채널의 이름이 빛날까 좋은 이름 때문에 성공한 것일까. 물로 어떤 것이 정답이라 정의할 순 없지만 우리가 멋지고 아름답게 외모를 가꾸듯 이름 또한 부르기 쉽고 친근한 이름이 누구에게나 쉽게 기억되므로 성공할 확률이 높아질 것이다.

3.4.1 잘 나가는 채널의 비밀은 채널 네임?

처음부터 친근한 채널명이 있다면 채널이 성공한 후 뒤늦게 친근감이 생기는 이름이 있다. 여기에서 중요한 건 채널명에 대한 친근함 그리고 가독성과 중독성을 모두 느끼게 할 수 있도록 채널명을 만드는 것이기도 하지만, 채널명을 각인시키기 위한 채널의 성공을 위해 노력하는 것이다. 다음에 살펴볼 채널명들이 어떻게 만들어졌는지 살펴본다면 자신의 채널명을 어떻게 지을 것인가 도움이 될 것이다.

1. 워크맨

장성규라는 셀럽 아나운서를 앞세워 시작된 채널이다. 제목에서 말해 주듯 직업알바에 대한 콘셉트로 장성규 아나운서가 직접 직업을 체험하는 모습을 담고 있다. 어쩌면 이 채널은 이름보다는 JTBC란 프로 방송쟁이들의 기획력과 장성규라는 핫 아이콘의 조합으로 성공할 수밖에 없는 채널일 것이다. 구독자 379만 명.

2. 빅마블

장난감 닭삑삑이로 단기간에 성공 신화를 쓴 빅마블 채널의 가장 두드러진 특징은 '차별화'이다. 무표정한 얼굴로 닭 모양 인형을 연주하는 그의 매력이 재미를 배가한다. 채널명 마블Marvel은 무엇인가? 세계의 어벤져스를 탄생시킨 영화사가 아닌가. 이 엄청난 이름에 빅Big이란 관형어를 붙였으니 처음부터 원대한 꿈을 가진 채널이라는 느낌을 갖게 한다. 구독자 801만 명.

3. 김미경 TV

김미경의 위력을 다시 부활시켰다. 과거 학력 비리에 연루되어 방송을 은퇴했던 그녀이다. 더 이상 방송을 하지 못할 것이란 예상을 완전히 뒤바꿔 놓았고, 오히려 지금이 더 안정적인 방송인이 되어가고 있다. 자신의 이름을 믿어라. 하지만 이미 셀럽유명인이 아니라면 무리수가 있을 수 있다. 반대로 이름을 건 만큼 완성도 높은 채널이 탄생될 수 있다. 구독자 125만 명.

4. 신사임당

신사임당은 경제/재테크 분야의 대표적인 채널이다. 신사임당과 경제/재테크와 관련이 있을까? 신사임당은 조선 초기의 여류 서화가이다. 학자 율곡 이이의 어머니로 더 유명하다. 이런 신사임당을 경제/재테크 채널명으로 쓰다니, 이 또한 아이디어의 승리이다. 왜냐하면 신사임당은 5만 원권 지폐에 모델로 쓰이기 때문이다. 이처럼 경제와 전혀 무관할 것 같은 인물을 경제 관련 채널에 사용할 수 있는 연관성을 발견했다는 것을 그만큼 이름에 대해 고민을 했다는 증거이다. 구독자 118만 명.

5. 사물궁이 잡학지식

사물궁이? 무슨 뜻일까? 사전에서도 찾을 수 없는 생뚱맞고 낯선 이름이다. 이 채널은 생활 속에서 한 번쯤 가져 볼 법한 궁금증을 그림으로 이해하기 쉽게 풀어나가는 채널로 사람들이 일상에서 가장 궁금했던 것들을 그림으로 소개하고 있다. 어쩌면 시시콜콜한 정보일 수도 있지만 이런 가벼운 일상의 소소한 소재가 성공할 수 있다는 명제를 제시해 준다. 사실 이 채널명은 긴 문장의 초성들만 따서 만든 이름이다. 요즘 긴 단어나 문장을 줄이는 것이 유행이 된 것처럼 자신의 채널명의 이름도 새로운 초성으로 만들어 보아도 좋을 듯하다. 구독자 121만 명.

6. 근황올림픽

서서히 잊혀가는 연예인들의 근황을 알려 주는 채널이다. 그때 우리가 사랑했던 스타를 다시 만날 수 있는 추억의 시간을 만들어 준다. 소재의 성공이라 할 수 있는데 오랫동안 잊혀졌던 스타들을 어떻게 섭외했는지 궁금할 따름이다. 그만큼 발품을 팔았을 것이다. 근황 + 올림픽이란 다소 뜬금없는 제목이 또 하나의 재미를 준다. 구독자 44만 명.

7. 냉장고를 털어라

냉장고에서 숙성해 가는 재료들을 맛있는 요리로 재생할 수 있도록 해주는 생활 속 요리 정보를 제공하는 채널이다. 이제 막 시작된 채널이지만 얼마 전 막방을 한 JTBC의 '냉장고를 부탁해'라는 프로그램을 연상케 하는 친근한 이름을 패러디한 이름으로 기존 유명했던 영화/드라마/노래/예능 등의 제목을 패러디함으로 이목을 끌 수 있다. 구독자 2천 명.

8. 더바: 수상한 손님들

일본에서 크게 히트한 '심야식당'을 콘셉트로 한 토크 채널로 맥주나 와인을 파는 바에서 남
녀가 술 한잔을 마시면 손님들의 속 이야기를 진솔하게 꺼내 놓은 콘텐츠이다. 이 채널명은
심야식당과는 다른 이름을 사용하지만, 바에서 진행되는 것과 속 모를 사람들의 속을 이야기
하는 수상한 손님들이란 느낌을 그대로 전달되는 이름을 사용하였다. 2021년 12월예정에 시작
한 유튜브 채널이기 때문에 아직 구독자 수에 대한 정보가 없다.

3.4.2 실전! 다양한 채널 네임을 지어 보자

채널 이름을 작명소까지 가서 의뢰해야 하나? 필자의 생각엔 작명소보다는 자신의 크리에이티브한
능력을 믿고 자신만의 기상천외한 이름을 지어 보자. 다음은 필자가 운영하는 '어린이/가족 채널'의
이름을 지정하기 위해 13가지의 이름을 구상했던 것이다. 여기에서 얼마나 자신의 채널과 연관성 있
고 부르기 친근한가 생각하여 선택해 본다.

1. 아미 TV 아이들의 미래 + 텔레비전
2. 아이덜 TV 아이들 + 들의 사투리 + 텔레비전

3. 하얀필름 개간되지 않는 깨끗한 필름

4. 파프리카 TV 가장 몸에 좋은 채소 그만큼 아이들에게 좋은 콘텐츠

5. 맘마미아 이탈리아어로 놀라움을 뜻함. 때론 맘마 엄마 라는 의미

6. 동그랑땡 아이들이 좋아하는 간식 중의 하나 둥근 캐릭터

7. 달팽이 채널 천천히 느림의 미학을 전하는 채널

8. 우쿨렐레 기타보다 작은 악기 아이들을 상징

9. 아이피아 아이들 + 유토피아 = 아이들을 위한 세상

10. 유튜비아 유튜브 + 유토피아 = 유튜브가 꿈꾸는 이상세계

11. 종이비행기 어릴 적 종이 비행기를 날리며 꿈을 키우던 추억의 동심으로

12. 어른이 TV 어른이 만들고 어린이가 보는 채널

13. 꿈단지 TV 꿀을 담은 꿀단지의 변형으로 어린이들의 꿈을 키워줄 수 있는 단지

살펴본 13개의 이름 중 여러분은 어떤 것을 선택하였는가? 물론 모든 독자분들이 9번 아이피아를 선택하지는 않았을 것이다. 필자는 몇몇의 설문을 통해 가장 표를 많이 받은 '아이피아'를 채널명 회사명 으로 정하였다.

3.5 아이디어 노트를 만들자

비단 유튜브 채널에 관한 것이 아니라도 그때마다 생각나는 아이디어가 있다면 아이디어 노트에 적어 놓는 습관을 갖길 권한다. 최근에는 직접 펜으로 적는 종이 노트가 아닌 스마트폰 앱으로 제공되는 노트를 활용할 수 있기 때문에 어디서나 간편하게 생각나는 순간 아이디어를 정리할 수 있다. 아이디어의 정리는 지금 당장에 효과가 나타나지 않더라도 차후 반드시 필요할 때가 오며, 때론 생각지도 않은 대박의 기회도 찾아온다.

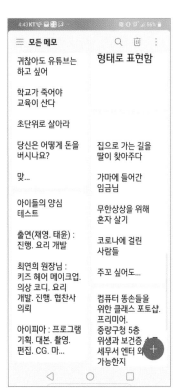

필자의 스마트폰에 설치된 노트앱

1. **분야별로 나누기**: 아이디어 노트의 최상위 카테고리는 IT, 디자인, 광고, 시나리오, 교육 등과 같은 분야별로 구분한다.

2. **콘셉트(주제) 정리하기**: 떠오른 아이디어가 있다면 분야별로 구분한 카테고리 중 해당 카테고리로 들어가 콘셉트를 정리해 놓는다. 구체적으로 정리되면 좋겠지만 순간 떠오르는 아이디어이므로 일단 잊혀지기 전에 간단한 제목과 콘셉트만이라도 적어 놓는다.

3. **구체적인 기획 정리**: 제목과 콘셉트를 적어 놓았다면 시간이 날 때 해당 콘셉트에 대한 보다 구체적인 기획을 정리해 놓는다. 여기서의 기획은 아이디어를 통해 할 수 있는 것, 필요성, 예상 수요 및 수익 등을 구체적으로 정리해 놓는다.

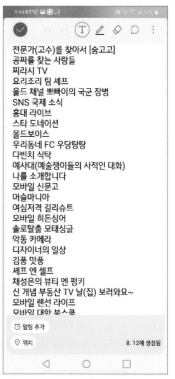

필자의 스마트폰에 설치된 노트앱

3.6 기획 및 스토리보드 만들기

모든 콘텐츠는 기획이 반이다. 잘된 기획은 투자자를 춤추게 한다. 잘된 기획은 기획 자체만으로도 투자를 받을 수 있을 만큼 가치가 있다는 의미이다. 그렇기 때문에 자신의 유튜브 채널의 성공을 위해 기획에 목숨 걸 각오가 필요하다.

3.6.1 아이들 눈높이에 맞춘 콘텐츠 기획

어떤 콘텐츠를 만드느냐에 따라 기획이 달라진다. 특히 어린이/가족 콘텐츠는 성인이 기획하기 쉽지 않다. 그러므로 더욱 철저한 분석이 필요하다.

1. **아이들을 위한 사회적 눈높이** 아이들이 볼만한 눈높이에 맞춘 다양한 소재의 콘텐츠 제작을 목표로 한다.
2. **아이들 시각에서의 눈높이** 어른들이 모르는(잊고 있는) 아이들의 감성과 생각을 반영한 콘텐츠 제작을 목표로 한다.

3. 아이들의 교육적 목적을 위한 눈높이 흥미 및 재미도 중요하지만 정보 전달 및 교육적 의미를 두는 콘텐츠 제작을 목표로 한다.

4. 아이들의 정서 발달을 위한 눈높이 초기 유튜브는 시청자 이목을 끌어 수익 창출에만 목적을 두었으나 최근에는 제법 높은 수준의 정보 채널이 증가하는 추세이다. 이와 같이 정서 발달에 중요한 시기인 아이들의 안정된 정서 발달에 도움이 될 수 있는 수준 높은 콘텐츠 제작을 목표로 한다.

3.6.2 실전! 스토리보드(냉장고를 털어라)

JTBC 프로그램 중 '냉장고를 부탁해'의 아이들 버전이다. 이 프로그램이 종영된 후 이렇다 할 음식 재개발 프로그램이 없는 시점에서 냉장고를 열면 얻을 수 있는 흔한 재료를 활용하여 남녀노소 누구나 간편하게 요리해서 먹을 수 있는 메뉴를 개발하고, 아이들이 만든 음식이지만 전문가 수준의 완성도 높은 음식을 개발한다.

메뉴는 한식, 중식, 일식, 양식 등으로 구분하며 간식, 야식, 안주, 거리 음식 등으로 세분화할 수 있다. 또한, 레시피는 부담이 가지 않는 한도의 것으로 하고 30분 미만의 조리 시간에 가능한 것들을 중심으로 개발한다.

1. 오프닝/엔딩

오프닝은 '소외받은 레시피의 환골탈태 냉장고를 털어라', 엔딩은 '오늘도 미션 완료', 오프닝 멘트가 끝난 후에는 가벼운 주제로 만담 형식의 연기, 콩트, 게임, 퀴즈 등으로 오늘의 음식을 예측할 수 있도록 한다.

2. 주마다 다른 콘셉트

매주 콘셉트를 다르게 하여 진행한다. 예) 거리 음식, 야식, 계절 음식, 술안주, 사이드 메뉴 등

3. 요리 대결 미션

남녀 아이들의 대결 구도로 콘셉트를 잡을 경우, 요리 대결 구도로 진행하여 긴장감을 조성한다.

4. 요리 전문가 배치

아직 요리에 미흡한 어린이들이므로 요리 개발과 지도 그리고 촬영 시 진행 방향을 잡아줄 수 있는 성인 요리 전문가를 배치하도록 한다.

5. 캐릭터 설정

진행자 및 셰프들의 캐릭터를 설정한다. 예) 여자아이 채영이는 양쪽 똥머리로 귀여움을 강조한다.

6. 요리사 자격증 도전

1년에 한 번씩 한식, 중식, 일식, 양식 자격증에 도전하여 성취욕을 높인다.

7. 이벤트

- 푸드트럭 활용: 푸드트럭 등을 활용하여 개발한 요리를 실제 거리에서 판매하여 반응을 살펴본다. 판매 수익금의 일부또는 전부는 기부금으로 사용한다.
- 상설 식당 운영: 개발된 요리가 메뉴로 인정받고 운영상의 여건이 될 경우 상설로 운영되는 식당을 오픈한다. 가정 형편이 어려운 아이들은 무상 급식이 가능하도록 한다.
- 유튜버와 콜라보: 본 채널이 어느 정도 활성화되면 타 요리 관련 유튜버와 콜라보레이션으로 재미를 가미한다.
- 출장 요리사: 시청자 요청 시 출장 요리가 가능하거나 그러한 명분이 있을 경우 출연자가 직접 선택된 시청자의 집으로 가서 요리를 해준다.
- 시청자 참여: 시청자가 참여하여 직접 요리 미션 수행 및 대결 구도를 갖는다.

PART II. 유튜브 실무 따라잡기

자신의 유튜브 채널을 제대로 보여 주기 위해서는 촬영, 편집에 관한 실무적인 작업을 어떻게 수행할 것인지 고민해야 한다. 아무리 콘셉트가 좋고 기획이 잘되었더라도 시청자의 눈에는 콘텐츠의 시각적인 요소가 가장 먼저 눈에 띄기 때문이다.

Chapter 04
맨땅의 촬영

스마트폰이 대중화된 지금은 사진스틸이든 동영상이든 아마추어든 전문가든 언제 어디서나 촬영을 할 수 있는 시대가 되었다. 분위기 있는 카페나 음식점에서 메뉴가 나오면 메뉴를 멋지게 촬영하여 SNS에 올리는 것은 유행이 된 지 오래이다. 그만큼 촬영은 누구에게나 익숙한 행위가 된 것이다. 이제부터 유튜브 콘텐츠 제작을 위한 촬영의 모든 것에 대해 알아보자.

1. 촬영 장비의 모든 것

유튜브 콘텐츠 제작을 위한 촬영 장비는 비디오 카메라, DSLR 그리고 스마트폰 등으로 구분된다. 이들 장비는 가격 또한 격차가 크기 때문에 처음 시작하는 분들에게는 어떤 것을 선택해야 할지 혼란스러워하기 마련이다. 초보자들이 선택해야 하는 촬영 장비는 자신의 재정 상태와 하고자 하는 콘텐츠 방향에 따라 선택하면 되며, 처음부터 고가의 장비보다는 중저가의 가성비 위주의 장비를 선택하는 것이 좋다.

1.1 비디오카메라

동영상 촬영을 하기 위해서 필요한 장비를 생각하면 당연히 비디오카메라가 생각날 것이다. 물론 전문 방송, 프로덕션 등에서는 수백, 수천만 원대 고가의 비디오카메라를 사용하지만, 1인 미디어 제작을 위한 것이라면 굳이 고가의 비디오카메라를 구매할 필요는 없다. 특히 초보 유튜버라면 고가의 비디오카메라보다는 중저가 DSLR를 추천한다. 물론 최근엔 20만 원대의 초저가 비디오카메라가 등장하고 있지만 품질해상도이 생각만큼 좋지 않기 때문에 권장하지 않지만 소형 핸디캠 카메라는 액션캠[1] 용도로 활용할 수도 있다.

소형 핸디캠(파나소닉 4K)

1.1.1 DJI 오즈모 포켓 2

스펙	짐벌+액션캠 결합된 브이로그용 짐벌 카메라
종류	짐벌 카메라
구성 축	3축
동영상 해상도	4K UHD
동영상 프레임	60프레임
기록 타입	플래시메모리
이미지 센서 종류	CMOS센서
촬영 화각	93도
렌즈 밝기	F1.8
스마트 기능	WiFi(무선전송), 리모컨어플

---

1) 액션캠: 액션 카메라 혹은 액션캠(action camera 또는 action cam)은 야외 활동과 스포츠 경기 등에서 동영상 촬영을 하는 휴대가 간편하고 활동성이 좋은 카메라를 의미한다. 액션캠의 고유명사가 된 고프로(GoPro)가 대표적이다.
액션캠은 유튜버들에게는 브이로그나 요리 콘텐츠 등의 활동적인 장면이 많은 장면을 촬영할 때 유용하며, 액션캠이 필요한 유튜버라면 다음의 다섯 가지 제품을 참고(유튜브에 올라온 동영상 리뷰 참고)하여 자신에게 적합한 작업(촬영)을 할 수 있는 제품을 선택하기 바란다.

부가 기능	손떨림 보정, 타임랩스(인터벌 촬영), 슬로우 모션(고속촬영), 파노라마, 자동 초점 추적, 라이브 스트리밍, 삼각대홀 탑재, 줌마이크, HDR 영상
메모리 지원 용량	최대256GB
최저가	453,000원 (2020년 12월 30일 현재)

오즈모 포켓은 짐벌 카메라로, 한 손에 쏙 들어오는 작은 크기로 어디서든 간편하게 브이로그 촬영이 가능한 카메라이다. 또한, 강력한 손떨림 방지 기능과 4K 60fps 촬영 지원으로 고화질 영상을 촬영할 수 있다.

오즈모 포켓은 짐벌 기능을 제공하면서도 크기와 무게가 가벼워 휴대성에서 가장 큰 강점을 보이며, 현재 액션캠 시장에서 고프로를 제치고 판매 1위를 차지했다.

1.1.2 고프로(히어로8)

스펙	미국 액션캠 시장의 87%를 점유하고 있는 액션캠 절대강자 고프로
종류	액션캠
동영상 해상도	울트라HD(4K), 4K UHD
동영상 프레임	60프레임
기록 타입	플래시메모리
액정 크기	5.08cm(2인치)
전면 액정	촬영 정보
스마트 기능	WiFi(무선전송), 블루투스, 리모컨어플, GPS 내장
부가 기능	손떨림 보정, 얼굴 인식, 스마일 셔터, 루프레코딩, 타임랩스(인터벌 촬영), 슬로우 모션(고속 촬영), 야간 촬영, 라이브 스트리밍, RAW 사진, HDR 사진, 방수, 웹캠 모드
방수 수심	수중 촬영 10m
메모리 지원 용량	최대 256GB
최저가	382,610원 (2020년 12월 30일 현재)

손떨림 방지로 부르는 하이퍼스무스 기능이 한층 더 업그레이드된 '히어로8 블랙'은 추가 액세서리를 통해 확장된 조명과 디스플레이로 브이로그에 활용할 수 있다.

고프로8은 본체에 접이식 마운트가 내장되었다. 충전할 때마다, 메모리카드를 꺼낼 때마다 프레임을 벗겨야 했던 고프로7의 번거로움이 크게 줄어들면서 사용성이 높아진 점이 이용자들에게 큰 호평을 받았다. 타임랩스/슬로우 모션, 다양한 화각 모드, 슈퍼 포토+향상된 HDR 기능들이 고프로의 명성을 뒷받침해 준다.

1.1.3 소니 FDR-X3000R

스펙	B.O.SS. 손떨림 보정으로 4K 촬영에도 강한 소니 플래그십 액션캠
종류	액션캠
동영상 해상도	울트라HD(4K),4K UHD
동영상 프레임	30프레임
기록 타입	플래시 메모리
이미지 센서 종류	CMOS(이면조사) 센서
렌즈 밝기	F2.8
스마트 기능	WiFi(무선전송), 블루투스, NFC, 리모컨 어플, GPS 내장
부가 기능	손떨림 보정, 루프레코딩, 모션샷, 타임랩스(인터벌 촬영), 슬로우 모션(고속 촬영), 라이브 스트리밍, 삼각대홀 탑재, 리모컨, 방수(케이스 착용)
방수 수심	수중 촬영 60m
최저가	472,880원 (2020년 12월 30일 현재)

소니 FDR-X3000R은 세계 최초로 광학식 손떨림 보정 기술을 탑재한 액션캠이다. 4K30 동영상 촬영이 가능하며 60m 방수를 지원하는 방수 케이스를 기본 제공한다. 또한, FDR-X3000R 키트에 포함된 라이브 뷰 리모트는 카메라에 고정되어 있지 않고 손목시계처럼 착용하는 등 자유롭게 탈부착이 가능해, 촬영 중인 화면을 간편하게 확인할 수 있다.

1.1.4 에이스원 SJ9000 ace

스펙	4K 촬영이 가능한 최강 성능 SJ9000
종류	액션캠
동영상 해상도	울트라HD(4K), 4K UHD

동영상 프레임	30프레임
기록 타입	플래시 메모리
이미지 센서 종류	CMOS 센서
촬영 화각	170도
액정 크기	5.08cm(2인치)
스마트 기능	WiFi(무선전송)
부가 기능	방수(케이스 착용), 블랙박스 모드
방수 수심	수중 촬영 30m
최저가	103,000원 (2020년 12월 30일 현재)

액션캠 제품 중 가성비 좋은 제품으로 많이 판매되는 모델이다. 4배 줌 기능으로 확대 촬영이 편리하고 170도 와이드 앵글 렌즈를 통해 넓은 시야각을 확보할 수 있다. 방수 케이스가 있어 다양한 상황에 사용이 편리하며 와이파이를 통한 제어, 슬로우 모션 기능, 연속 촬영 가능, 타임랩스 기능, 대용량 배터리로 90분 연속 촬영 가능한 다용도 제품이다.

1.1.5 샤오미 4K YDXJ01FM

스펙	한글판 정품으로 10만 원대 가성비 갑
종류	액션캠
동영상 해상도	울트라HD(4K), 4K UHD
동영상 프레임	30프레임
기록 타입	플래시 메모리
이미지 센서 종류	CMOS 센서
촬영 화각	145도
액정 크기	6.09cm(2.4인치)
스마트 기능	WiFi(무선전송)
부가 기능	손떨림 보정, 타임랩스, 자동 초점 추적, G센서, 애니메이션 모드, 고속 연사
최저가	148,970원 (2020년 12월 30일 현재)

샤오미 4K 액션캠 YDXJ01FM은 한글판 정품으로 판매되고 있으며, 위에서 설명한 네 가지 제품 중 가장 저렴한 10만 원대에 판매되고 있다. 3840 x 2160의 고해상도 사진 및 해상도로 1080p의 4배인 4K 30FPS 고해상도 영상 녹화를 지원하여 깔끔하고 선명한 화질로 모든 프레임을 선명하게 촬영할 수 있으며, Ambarella A12S75 칩셋, 7중 유리렌즈, 소니 센서, ELS 전자식 손떨림 보정 장치 등을 탑재하여 전문가 사양으로 더 높은 화질을 실현할 수 있고, 품질 저하가 없는 PAW 파일 지원으로 더 풍부한 디테일의 사진을 저장할 수 있다.

1.2 DSLR(미러리스) 카메라

DSLR Digital Single Lens Reflex은 정지 화상을 촬영하기 위해 출시된 제품이지만 지금은 4K 동영상까지 촬영이 가능하게 진화되어 왔다. 동영상 촬영이 가능한 DSLR은 20~500만 원까지 다양하며 어떠한 콘텐츠를 제작할 것인지에 따라 선택하면 될 것이다. 만약 유튜브 콘텐츠 제작을 위한 용도라면 50~150 정도의 중저가 DSLR를 권장한다. 또한, DSLR과 경쟁하는 미러리스 카메라는 렌즈에 들어온 피사체가 거울의 반사 없이 그대로 뷰파인더로 들어오기 때문에 작고 가볍지만 AF 오토 포커스 정확도 미흡, 낮은 아웃포커스, 작은 프레임 크기, 배터리 수명, 렌즈 및 액세서리 다양성 부족 등이 보완되고 있지만 아직도 DSLR에 비해 부족함이 많다. 하지만 브이로그와 같은 개인 영상물에 사용할 것이라면 비교적 고가의 DSLR을 굳이 선택할 필요는 없다.

 알아두기

아웃포커스(out of focus)란?

사진(동영상)에서 메인 피사체만 초점을 맞추고 나머지들은 초점을 흐리게 하여 상대적인 강조 효과를 얻는 데 흔히 사용한다. 촬영 시의 아웃포커스는 렌즈 초점의 심도 특성을 이용한다. 구경이 큰 렌즈의 조리개를 다 열면 특정 거리의 피사체에만 초점이 정확히 맞게 된다. 특정 피사체만 강조되도록 선택한다는 관점에서 이를 셀렉티브 포커스(selective focus)라고 한다.

초보 유튜버라면 고가의 비디오카메라보다는 중저가 DSLR이나 미러리스를 권장하며, 경제적인 여유가 있다면 DSLR, 그렇지 않다면 미러리스를 추천한다.

[초보자에게 적합한 추천 DSLR/미러리스]

1.2.1 소니 알파 A5100 미러리스

스펙	터치 스크린, 동영상, AF 속도가 증가한 NEX-5T 후속 미러리스
디카 분류	미러리스
유효 화소수	2,430만 화소
센서 종류	CMOS
센서 크기	APS-C(1:1.5크롭)
센서 등급	보급형
이미지프로 세서	Bionz X
LCD 화면 크기	7.62cm(3인치)
LCD 화면 형태	플립형
뷰파인더 종류	뷰파인더미지원
뷰파인더 시야율	약 100%
최고 감도	최고ISO25600
최고 셔터 스피드	1/4000초
연사	초당 6매
초점 방식	하이브리드AF
초점 영역	179+25개
동영상 해상도	풀HD, FHD, 동영상:FHD, 60프레임
인기 선택 사항	WiFi, 터치스크린, 셀프 촬영, HDR 촬영
연결 단자	HDMI 출력, USB 충전
배터리	NP-FW50(1020mAh)
규격 재질	플라스틱
부피	249cc
무게	283g
최저가	424,110원 (2020년 12월 30일 현재)

소니 A5100 미러리스는 휴대성이 뛰어나며 조작이 간편한 카메라로 여행지에서 촬영하기 좋고 초보자가 카메라에 입문하기에 안성맞춤인 카메라이다.

1.2.2 캐논 EOS M100 미러리스

스펙	소형 경량의 입문용 M100 미러리스
디카 분류	미러리스
유효 화소수	2,420만 화소
센서 종류	CMOS
센서 크기	APS-C(1:1.6크롭)
센서 등급	보급형
이미지 프로세서	DIGIC7
LCD 화면 크기	7.62cm(3인치)
LCD 화면 형태	플립형
뷰파인더 종류	뷰파인더 미지원
뷰파인더 시야율	약 100%
최고 감도	최고 ISO25600
확장 감도	ISO25600
최고 셔터 스피드	1/4000초
연사	초당 6.1매
초점 방식	듀얼픽셀AF
초점 영역	49개
동영상 해상도	FHD, 풀HD, 동영상: FHD, 60프레임
인기 선택사항	WiFi, 터치스크린, 셀프 촬영
배터리	LP-E12(875mAh)
규격	254cc
무게	302g
최저가	693,450원 (2020년 12월 30일 현재)

캐논 EOS M100은 생수 한 병보다 가벼운 슬림한 카메라로 듀얼 픽셀 CMOS AF 탑재 및 약 2420
만 유효 화소 성능의 미러리스이다.

1.2.3 캐논 EOS 800D DSLR

스펙	듀얼 픽셀 AF 탑재와 5축 손떨림 보정이 지원되는 EOS 750D 후속 DSLR
디카 분류	DSLR
유효 화소수	2,420만 화소
센서 종류	CMOS
센서 크기	APS-C(1:1.6크롭)
센서 등급	보급형
이미지 프로세서	DIGIC7
LCD 화면 크기	7.62cm(3인치)
LCD 화면 형태	회전형
뷰파인더 종류	광학식 뷰파인더
뷰파인더 시야율	95%
최고 감도	최고 ISO25600
확장 감도	ISO51200
최고 셔터 스피드	1/4000초
연사	초당 6매
초점 방식	위상차AF
초점 영역	45개
동영상 해상도	FHD, 풀HD, 동영상: 풀HD, 60프레임
인기 선택 사항	WiFi, 터치스크린, 셀프 촬영, RAW 지원, 마이크 단자
연결 단자	HDMI 출력, 마이크 단자
배터리	LP-E17(1040mAh)
규격	998cc
무게	532g
최저가	450,800원 (2020년 12월 30일 현재)

크기, 성능, 편의성, 화질로 인해 남녀노소 누구에게나 추천하기 좋으며 일상의 패밀리 카메라로써도 매력적 요소가 많다. 듀얼 픽셀 CMOS AF 탑재와 DIGIC 7 엔진에 의한 쾌적한 라이브 뷰 성능, 45점 올 크로스 AF 의 뛰어난 광학 뷰 촬영 성능에 의해 미러리스급의 편리한 촬영감과 DSLR만의 특권 모두 누릴 수 있다.

1.2.4 캐논 EOS 200D 2 DSLR

스펙	4K 촬영이 가능한 보급형 DSLR
디카 분류	DSLR
유효 화소수	2,410만 화소
센서 종류	CMOS
센서 크기	APS-C(1:1.6크롭)
센서 등급	보급형
이미지 프로세서	DIGIC8
LCD 화면 크기	7.62cm(3인치)
LCD 화면 형태	회전형
뷰파인더 종류	광학식 뷰파인더
뷰파인더 시야율	95%
최고 감도	최고ISO25600
확장 감도	ISO51200
최고 셔터 스피드	1/4000초
연사	초당 5매
초점 방식	위상차 AF
초점 영역	9개(중앙 크로스)
동영상 해상도	울트라HD(4K), 4K UHD, 동영상: 울트라HD(4K), 24프레임
인기 선택 사항	WiFi, 터치스크린, 셀프 촬영, 마이크 단자, 눈동자 AF
연결 단자	HDMI 출력, 마이크 단자
배터리	LP-E17(1040mAh)
규격	792cc
무게	449g
최저가	699,200원 (2020년 12월 30일 현재)

100만 원 이하 대의 UHD 4K 촬영이 가능한 보급형 DSLR 카메라로써 크기, 성능, 편의성, 화질로 인해 남녀노소 누구에게나 추천하기 좋으며 일상의 패밀리 카메라로써도 매력적 요소가 많다. 듀얼 픽셀 CMOS AF 탑재와 DIGIC 8 엔진에 의한 쾌적한 라이브 뷰 성능, 초점 영역 9개중앙 크로스 AF의 뛰어난 광학 뷰 촬영 성능에 의해 미러리스급의 편리한 촬영감과 DSLR만의 특권 모두 누릴 수 있다.

1.2.5 캐논 EOS M50 미러리스

스펙	저조도 촬영, 회전 액정, 마이크 단자로 영상도 최고인 미러리스
디카 분류	미러리스
유효 화소수	2,410만 화소
센서 종류	CMOS
센서 크기	APS-C(1:1.6크롭)
센서 등급	중급형
이미지 프로세서	DIGIC8
LCD 화면 크기	7.62cm(3인치)
LCD 화면 형태	회전형
뷰파인더 종류	전자식 뷰파인더
뷰파인더 시야율	약100%
최고 감도	최고 ISO25600
확장 감도	ISO51200
최고 셔터 스피드	1/4,000초
연사	초당 7.4매
초점 방식	듀얼 픽셀 AF
초점 영역	143개
동영상 해상도	울트라HD(4K), 4K UHD, 동영상: 4K UHD, 24프레임
인기 선택 사항	WiFi, 터치스크린, 셀프 촬영, RAW 지원, 마이크 단자, 눈동자 AF
연결 단자	HDMI 출력, 마이크 단자
배터리	LP-E12(875mAh)
규격	602cc
무게	387g
최저가	592,610원 (2020년 12월 30일 현재)

캐논 최초로 4K 촬영을 지원하는 미러리스로 가벼운 무게와 회전형 터치 패널 LCD 및 외장 마이크 단자가 내장되어 있어 1인 방송을 하는 유저들에게 꽤나 사랑받는 카메라로 자리 잡았다.

그러나 4K 촬영 시 크롭 되는 것과 외장 마이크 연결 시 LCD 회전이 자유롭지 못한다는 단점이 있지만, 꽤나 훌륭한 화질과 듀얼 픽셀 CMOS AF는 라이브 뷰를 통해 정밀하고 빠른 AF로 촬영이 가능해 많은 유저들에게 사랑받고 있다.

1.2.6 소니 알파 A6500

스펙	4K 동영상, 5축 손떨림 방지 및 터치스크린까지 지원 미러리스
디카 분류	미러리스
유효 화소수	2,420만 화소
센서 종류	CMOS
센서 크기	APS-C(1:1.5크롭)
센서 등급	중급형
이미지 프로세서	Bionz X
LCD 화면 크기	7.62cm(3인치)
LCD 화면 형태	틸트형
뷰파인더 종류	전자식 뷰파인더
뷰파인더 시야율	약100%
최고 감도	최고ISO25600
확장 감도	ISO51200
최고 셔터 스피드	1/4000초
연사	초당 11매
초점 방식	하이브리드AF
초점 영역	425개
동영상 해상도	4K UHD, 울트라HD(4K), 동영상: 울트라HD(4K), 30프레임
인기 선택 사항	손떨림 보정, 방진/방적, WiFi, RAW 지원, DR 촬영, 눈동자AF
연결 단자	HDMI 출력, USB 충전
배터리	NP-FW50(1020mAh)
규격	427cc
무게	453g
최저가	780,000원 (2020년 12월 30일 현재)

유효 화소 약 2,420만 화소의 Exmor CMOS 센서와 프론트 엔드 LSI를 통해 더욱 뛰어난 화질과 고속 처리를 탑재한 크롭 미러리스이다. 연사는 최대 11매의 초고속 연사 촬영을 지원하며, 지속성이 뛰어나 JPEG 기록 시 버퍼 성능을 크게 높여 최대 307장까지 연속 촬영을 지속할 수 있다. 또한, 425개의 위상차 검출 AF + 169개의 컨트라스트 검출 AF의 패스트 하이브리드 AF를 탑재한 매우 고사양 미러리스이다.

1.2.7 니콘 D500

스팩	뛰어난 DSLR 카메라 플래그십 능력, 4K 크롭 바디의 최고 DSLR
디카 분류	DSLR
유효 화소수	2,088만 화소
센서 종류	CMOS
센서 크기	APS-C(1:1.5크롭)
센서 등급	중급형
이미지 프로세서	EXPEED5
LCD 화면 크기	화면: 8.12cm(3.2인치)
LCD 화면 형태	틸트형
뷰파인더 종류	광학식 뷰파인더
뷰파인더 시야율	약100%
최고 감도	최고 ISO51200
확장 감도	확장 ISO1640000
최고 셔터 스피드	1/8,000초
연사	초당 10매
초점 방식	위상차AF
초점 영역	초점 영역: 153개
동영상 해상도	4K UHD, 울트라HD(4K), 동영상: 4K UHD, 30프레임
인기 선택 사항	방진 / 방적, WiFi, 터치스크린, 셀프 촬영, RAW 지원, 마이크 단자
연결 단자	HDM I출력, USB3.0, 마이크 단자, 이어폰 단자
배터리	EN-EL15(1900mAh)
재질	탄소섬유 복합 소재
부피	1369cc
무게	760g

한 손에 들어도 무리가 없지만 제법 묵직하게 느껴지는 DSLR 카메라 니콘 D500은 크롭 바디지만 고감도 저노이즈무선마이크 노이즈 설정기능 포함를 실현하는 뛰어난 화질과 EXPEED 5 화상 처리 엔진을 탑재하였다. 광역/고정밀의 153개의 AF 포인트 시스템을 갖추고 있어 정확한 칼핀의 위력을 보여 주며, 초당 10연사가 가능하며 연사 상태로 최대 200 프레임까지 계속 고속 연사를 찍을 수 있다. 또한, 4K UHD 3840×2160 해상도로 동영상을 촬영하기 때문에 브이로그 및 유튜브 콘텐츠 영상에 최적화된 제품이다.

1.3 스마트폰 카메라

스마트폰의 카메라는 이미 영화를 찍을 정도로 품질이 향상되었다. 물론 다양한 렌즈를 사용할 수 없는 아쉬운 점도 있지만 고품질 콘텐츠가 아닌 일반적인 개인 콘텐츠 제작을 위해 사용한다면 스마트폰 카메라도 꽤 쓸만하다. 스마트폰으로 촬영한 영상은 관련 편집 앱을 통해 쉽게 편집할 수 있는 장점이 있으며, 장시간 촬영이 불가능하다는 단점도 가지고 있다. 최근에는 애플, 삼성, 엘지, 소니 등 1인 방송_{유튜브} 크리에이터들의 입맛에 맞는 촬영 기능들을 장착하여 적극적인 홍보를 하고 있다.

🎧 알아두기

스마트폰밖에 없는데 어떻게 촬영해야 하지?

실제로 많은 유튜버가 스마트폰으로 촬영을 하고 있다. 스마트폰에서 촬영된 화질이 좋아지기도 하였지만 휴대가 간편한 것과 별도의 비용을 들이지 않아도 되는 이유가 스마트폰으로 촬영하는 가장 큰 이유이다. 필자는 촬영 데이터(동영상 파일)를 저장할 수 있는 용량 부족과 화면 사이드 부분의 왜곡 현상 등의 이유로 스마트폰으로 촬영을 하는 것을 권장하지 않지만, 경재 상태가 여유롭지 않다면 처음엔 스마트폰 카메라로 시작하는 것도 나쁘지 않다.

스마트폰은 바르게 잡아야 좋은 화면을 얻을 수 있다

스마트폰 카메라는 특별한 촬영 기술이 없어도 누구나 원하는 장면을 촬영할 수 있게 되었다. 그런데 같은 스마트폰으로 찍은 사진(동영상)도 전문가와 초보자의 수준 차이는 크다. 그 이유는 기본적으로 스마트폰의 카메라 기능 숙지 미숙과 스마트폰을 잡는 방법 그리고 멋지고 아름답게 촬영할 수 있는 다양한 촬영 구도를 모르기 때문이다. 여기에서는 간단하게 스마트폰을 통해 촬영을 해야 하는 유튜버들을 위한 스마트폰을 활용한 촬영법에 대해 알아보자.

스마트폰 카메라에는 제조사에서도 알려주지 않는 반드시 알아야 할 사실이 있다. 기존의 카메라 DSLR, 미러리스 등는 셔터를 누를 때 사진이 찍히지만 스마트폰 카메라는 화면의 셔터를 누를 때 사진이

찍히는 것이 아니라 누르고 난 후 셔터에 손가락이 떨어질 때 사진이 찍힌다는 것이다. 그렇기 때문에 손을 떼는 마지막 순간까지 스마트폰이하 "폰"이라고 칭함이 잘 고정되도록 해야만 좋은 결과물을 얻을 수 있다. 따라서 단순히 촬영할 때 폰을 잘 잡고 있는 것만으로도 안정적이고 만족스런 결과물을 얻을 수 있다는 것이다.

1.3.1 스마트폰 카메라 사용 시 잡는 법

1. 가로 촬영 시 잡는 법

오른쪽의 그림처럼 오른손 검지와 약지로 폰을 잡고 중지와 약지로는 스마트폰 뒷면에 밀착하여 지지한다. 이렇게 잡으면 한 손만으로도 견고하다는 느낌이 들게 된다. 물론 자신의 폰 크기와 손의 크기에 따라 충분한 연습이 필요하다.

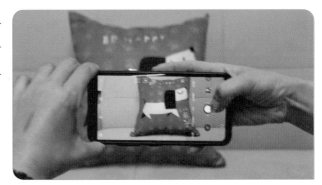

위쪽 그림 상태에서 왼손의 엄지와 검지로 폰의 위아래를 가볍게 잡아준다. 그다음 오른손 엄지손가락을 이용해 셔터 버튼을 눌러 촬영하면 된다.

알아두기

카메라가 흔들이지 않게 하는 방법

카메라의 흔들림을 방지하기 위해서 팔의 상박(어깨부터 팔꿈치까지의 부분)을 몸에 밀착하는 것이 좋다. 또한, 셔터 버튼을 누를 때 과도한 힘을 주지 않도록 주의한다.

2. 세로 촬영 시 잡는 법

그림처럼 폰의 하단 부위를 왼손으로 움켜쥔다.

그다음 오른손으로 흔들리지 않도록 왼손을 포개어 잡은 후 엄지손가락으로 셔터 버튼을 누르면 된다. 이때 부자연스럽지 않도록 상태를 유지하도록 한다.

알아두기

안정적인 구도 잡는 법

화면 안에 들어갈 구도를 잡을 때 보통 몸을 돌리거나 팔을 움직이곤 하는데, 뒤 배경과 어울리는 모습을 담기 위한 특별한 이유가 아니라면 몸이나 팔을 움직이지 않고 간단한 손목의 움직임으로 구도를 잡는 것이 좋다.

1.3.2 스마트폰 카메라 설정법

원하는 장면을 보다 쉽게 얻기 위해서는 스마트폰 카메라의 다양한 기능을 충분히 익혀 두는 것이 필요하다. 그러기 위해서는 자신의 스마트폰에 대한 설정법에 대해 알아야 한다. 여기에서는 안드로이드 환경에서의 동영상 촬영을 위한 기본 설정법에 대해서만 살펴본다.

1. **설정**_{화면 크기}

   스마트폰에서의 모든 설정은 톱니바퀴 모양의 아이콘이 설정을 의미한다. 스마트폰 카메라 설정을 하기 위해 변경하기 위해 메인 화면의 카메라 앱을 선택한다. 참고로 필자는 LG V50s 모델을 사용하였다.

알아두기

아이폰의 경우는 바탕화면에 있는 설정을 통해 곧바로 카메라의 설정을 할 수 있다.

카메라 앱이 실행되면 동영상 촬영 모드를 선택한 후 설정
버튼을 선택한다.

설정에 들어가 보면 해상도 설정을 위한 HDR, 흔들림 보
정, 트래킹 포커스, 안내선 등에 대한 설정을 할 수 있는
옵션을 제공한다. 먼저 화면 비율을 설정하기 위해 아래쪽
카메라 모양의 아이콘을 선택한다.

동영상 크기 설정창이 열리면 원하는 규격을 선택하면 되는데, 유튜브에 사용될 동영상 규격은 항상 1920x1080 30fps 으로 사용하기로 한다. 4K급의 고화질은 아직 필요 없기 때문이다.

 알아두기

픽셀(Pixel)에 대하여

픽셀(Pixel)은 화면을 구성하는 가장 작은 단위로 화소(점)라고도 한다. 화소수가 많을수록 해상도가 좋아지며 적을수록 해상도가 떨어지는데, 낮은 해상도에서는 화면을 확대했을 때 사각형 모양의 픽셀이 선명하게 드러나게 된다.

높은 해상도

낮은 해상도

알아두기

FPS는 무엇인가?

FPS는 frames per second의 줄임말로 초당 사용되는 프레임 개수를 말하는데, 여기서 프레임 (frame)은 한 장의 정지 화상(스틸 이미지)을 뜻한다. 일반적으로 영화의 경우는 24fps, TV 영상의 경우는 30fps, 스포츠 영상의 경우는 60fps를 사용하며, 초당 프레임 수가 높을수록 화면 속 장면이 더욱 부드럽게 표현된다. 일반적으로 스마트폰은 기본 30fps로 촬영하도록 설정되어 있다.

프레임 레이트의 예

2. 설정(HDR)

HDR High Dynamic Range은 다중 노출 기술로써 어두운 영역을 보정할 때 사용된다. 사람의 눈은 밝은 곳과 어두운 곳이 공존하는 곳에서도 피사체사물를 구분하여 볼 수 있지만 카메라는 그렇지 않은데, 만약 어두운 영역을 밝게 설정하여 촬영하면 상대적으로 밝은 영역이 더 밝아져 하얗게 변색된다. 이것을 할레이션halation 현상이라고 한다. 반대의 경우에는 어두운 영역이 더욱 어둡게 되어 역광인 상태가 되어 버린다.

HDR 기능은 이런 밝고 어두운 영역의 노출 차가 큰 상황에서 어두운 곳은 밝게, 밝은 곳은 어둡게 조정해서 적당한 밝기를 가진 최적의 장면으로 촬영할 수 있게 해주는데, 이것은 일반 촬영 모드와는 다르게 어두운 영역의 사진, 중간 밝기의 사진, 밝은 영역의 사진을 각각 세 번에 거쳐 밝기 대비가 풍부하고 선명한 결과물을 얻는 것이다. 그렇기 때문에 빠르게 움직이는 물체를 촬영하는 경우에는 피하는 것이 좋다.

| HDR을 꺼 놓고 촬영된 모습 | HDR을 켜 놓고 촬영된 모습 |

3. 흔들림 보정

삼각대나 짐벌과 같은 고정 촬영 장비를 사용하지 않고 그냥 손으로 촬영하게 되면 화면이 떨리게 된다. 손 떨림을 최소화한다고 할지라도 촬영 장소에 빛이 부족한 실내나 야간 촬영 그리고 빠르게 움직이는 피사체를 촬영하거나 멀리 있는 피사체를 촬영할 때에는 작은 손 떨림도 화면에 악영향을 미치게 된다. 이럴 때 흔들림 보정 기능은 뛰어난 성능을 발휘한다.

알아두기

촬영 공간에 빛이 부족하면 생기는 현상?

빛이 부족하면 대부분 화면은 흔들리게 된다. 이때 흔들림을 최소화하기 위해서는 빛을 보충해야 하는데, 야간 촬영 시 조명을 켜는 이유도 여기에 해당된다.

4. 수직/수평 안내선

화면의 수직과 수평을 맞추는 것은 촬영에 있어 기본이며, 화면에 안정감을 준다. 또한, 화면의 전체적인 구도 잡는 데에 도움이 된다. 안내선을 켜 주면 아래 첫 번째 그림처럼 9개로 구분된 가로와 세로선이 각각 2개씩 표시된다. 이것은 안내선의 기본 3x3 형식이며, 이 안내선은 촬영을 위해 화면에만 나타나는 것일 뿐 실제 촬영 결과 화면 제거 물에는 나타나지 않는다. 특히 이 안내선을 사용하면 화면의 삼분할 구도를 잡을 때 아주 유용하게 사용된다.

지금까지 간단하게 스마트폰을 잡는 법과 기본 설정법에 대해 살펴보았다. 최근 기기들은 더욱 다양한 기능들이 제공되고 있으므로 촬영 시 유용하다 생각되면 숙련하도록 한다

알아두기

시작부터 장비 욕심은 금물

제대로 된 촬영, 편집도 못 하면서 고가의 장비만을 선호하는 것보다 상황에 맞게 초기에는 자신이 얼마나 촬영과 편집에 흥미를 느끼고 기술적으로 발전할 수 있는지를 알아보기 위해 중저가의 장비를 구비하길 권장한다. 일종의 자기 성향 테스트 기간이라고 생각하면 된다. 필자의 경험상 의욕이 넘쳐 유튜브 채널을 개설하였다가 한 달도 안 되어 채널을 삭제하는 경우를 많이 보았기 때문이다.

1.4 카메라 거치대(삼각대, 짐벌 등)

흔들림 없는 고정 촬영을 할 수 있게 해주는 삼각대주석 : 삼각대 > 트라이포드와 짐벌스테이빌라이저은 촬영 시 없어서는 안 될 중요한 장비이다. 카메라를 삼각대나 짐벌 등의 거치대를 사용하지 않고 그냥 손에 들고 촬영하는 핸드헬드 방식은 컨디션에 따라 심한 흔들림이 있기 때문에 안정적인 촬영을 위해 삼각대나 짐벌을 이용하기 권장한다. 스마트폰이나 미러리스와 같은 작고 가벼운 카메라로 촬영할 경우에는 저가의 경량 삼각대나 짐벌을 이용해도 되지만 무게감이 있는 DSLR 사용 시에는 5KG 이상의 튼튼한 삼각대나 짐벌을 권장한다.

 알아두기

핸드헬드(hand held)란?

삼각대나 짐벌과 같은 거치대를 이용하지 않고 손으로 직접 촬영하는 것을 말하는데 핸드헬드 촬영 시에는 흔들림이 생기기 때문에 의도적인 화면을 얻고자 함이 아니라면 안정적인 화면을 얻기 위해 삼각대나 짐벌과 같은 거치대를 이용하는 것이 좋다.

핸드헬드 촬영 모습

촬영 상황에 맞는 삼각대와 짐벌에 대해 알아보자.

1.4.1 스마트폰에 적합한 셀카봉(삼각대)과 짐벌

스마트폰은 작고 가볍게 때문에 경량의 셀카봉을 이용하여 촬영할 수 있다. 가격대는 2~6만 원대이며, 최근의 셀카봉은 셔터 기능뿐만 아니라 줌 기능까지 가능하며 더 진화된 셀카봉은 삼각대 기능까지 가능한 것들도 있으므로 멀티 기능의 셀카봉을 선택하는 것도 하나의 방법이다. 하지만 전문 삼각대보다 견고하지 않기 때문에 장시간 고정 촬영을 해야 한다면 삼각대를 이용하길 권장한다.

셀카봉 전용 제품(VJ센터 제공 이미지)　　　　　　　셀카봉 + 삼각대 겸용 제품

짐벌은 이동 촬영 시 흔들리지 않는 화면을 담기 위해 사용되는데, 스마트폰에 적합한 짐벌 또한 중저가형으로 비교적 다양하게 판매되고 있다. 기본적으로 셀카봉 형태로 된 짐벌과 짐벌 용도로만 사용할 수 있는 짐벌이 있으며, 스마트폰을 위한 짐벌의 가격대는 4~10만 원대이다.

셀카봉+짐벌 겸용 제품　　　　　　　　짐벌 전용 제품

스마트폰을 위한 삼각대는 별도로 구분되지는 않지만 스마트폰 자체가
워낙 작고 가볍기 때문에 중저가의 경량 삼각대를 사용해도 특별히 문제
되는 것이 없다. 경량 삼각대는 1~3만 원대이며, 가볍고 튼튼한 알루
미늄 제품을 권장한다.

초경량 알루미늄 삼각대

1.4.2 DSLR과 미러리스에 적합한 삼각대와 짐벌

미러리스는 스마트폰에 비해 크고 무겁지만 DSLR보다는 작고 가볍기
때문에 중경량급 삼각대를 이용하는 것이 좋다. 물론 DSLR 전용 중량급
삼각대가 있을 경우에는 중량급을 사용해도 무관하기 때문에 DSLR 카메
라를 사용할 경우라면 미러리스만을 위한 삼각대를 별로도 구매할 필요
는 없다.

미러리스 경량 알루미늄 삼각대

비교적 크고 무거운 DSLR 카메라를 사용할 경우에는 DSLR의 무게로 인해 흔들리거나 넘어질 수 있으므로 경량급 삼각대는 피하고 3~6kg 정도의 무게감이 있는 삼각대를 권장한다. 중량급 삼각대는 주로 알루미늄과 마그네슘 합금을 사용하고 유압식 헤드를 사용하여 상하좌우로 회전하는 패닝과 틸딩 등이 부드러워 경량급 삼각대보다 고가로 판매된다. 가격대는 10~30만 원에 형성되어 있다.

DSLR 마그네슘 중량 삼각대

DSLR과 미러리스에 적합한 짐벌은 한 손으로 사용하는 방식과 양손으로 사용하는 방식 두 가지로 구분된다. 한 손 방식은 주로 전자식으로 되어 있어 동작 제어가 정확하고 신속하게 이뤄진다. 최근에는 삼각대 기능까지 사용할 수 있는 다기능 짐벌로 진화되고 있으며, 가격대는 20~50만 원대이다.

삼각대 + 짐벌 겸용 제품

양손 짐벌 제품

알아두기

그밖에 촬영 거치대로 사용되는 장비로는 수평 촬영을 위한 삼각대와 일각대가 있다. 수평 삼각대는 요리 과정이나 다양한 제품 등을 위에서 수직으로 촬영할 때 사용되며, 일각대는 단순히 장시간 촬영 시 피로감을 줄이기 위한 목적으로 사용된다.

수평 촬영 삼각대(크로스바)   요리 과정의 수평 촬영   일각대(외다리)

1.5 마이크

일반적으로 마이크는 유선과 무선으로 구분되며, 소리를 받아들이는 수음 방향에 따라 특정 방향의 소리만 수음하는 지향성과 모든 방향의 소리를 수음하는 무지향성으로 나뉜다. 또한, 수음되는 주파수, 감도, 출력 저항에 따라 다이내믹 마이크와 콘덴서 마이크로 구분된다.

유선 마이크 장단점	
장점	수신기 없이 수음 가능, 원하는 거리만큼 연장 가능, 무선에 비해 음질이 좋음.
단점	여러 대의 마이크 사용할 때 고가의 수신기 필요, 케이블로 인한 여러 문제 발생 가능

무선 마이크 장단점	
장점	휴대가 간편함. 케이블로 인한 문제 발생 없음. 하나의 수신기로 수음 가능
단점	수신기 필요, 배터리 필요, 원거리 수음 불가능, 유선에 비해 음질이 떨어짐, 가격대가 높음, 동시 녹음이 가능한 채널 수 한계
지향성 마이크 장단점	
장점	실내 울림 억제, 주변 노이즈 억제, 하울링 억제
단점	수음 감도 낮음, 특정 방향에서만 수음 가능
무지향성 마이크 장단점	
장점	모든 방향의 소리 수음 가능
단점	울림 및 노이즈 유입 가능성 높음
콘덴서 마이크 장단점	
장점	미세한 소리까지 수음됨. 스튜디오 녹음과 같은 전문적인 레코딩 가능
단점	전원이 필요(USB 방식은 전원 필요 없음). 가격대가 높고 습기와 충격에 약함.
다이내믹 마이크 장단점	
장점	전원이 필요 없음. 튼튼한 내구성, 저렴한 가격대
단점	미세한 소리의 수음에는 적합하지 않음.

마이크는 어떠한 유튜브 콘텐츠를 제작하느냐에 따라 달라지지만 필자가 사용하는 무선 마이크의 경우 비교적 저렴한 2만 원대의 지향성 USB 콘덴서 마이크를 사용하고 있다. 그 이유는 저렴한 가격보다는 녹음 시 노이즈를 최소화하기 때문이며, 무선와이어리스 마이크는 가성비 갑인 4채널이 가능한 10만 원대의 TKL PRO를 사용한다. 시중에 출시된 무선 마이크 중에는 4채널은 이 제품밖에 없으며 가격 또한 기적에 가까운 저가이며, 음질 또한 문제가 되지 않기 때문이다.

유선 콘덴싱 USB 마이크(BM-800)

4채널이 가능한 무선 마이크(TKL PRO-15C)

1.6 조명

조명발이란 말이 있듯이 조명은 사물_{인물}에 생동감을 주거나 반대로 어두운 면을 강조할 때도 필요하다. 대부분의 유튜브 콘텐츠는 영화처럼 출연자의 감정선을 표현할 일은 거의 없기 때문에 사물에 생동감을 주고 밝고 깨끗한 느낌을 줄 수 있는 조명이면 충분하겠지만, 뷰티에 관한 콘텐츠라면 조명의 역할이 매우 중요하다. 최근엔 개인 방송을 위한 탁상용 조명부터 스탠드형 조명까지 다양하며 가격도 저렴한 2~10만 원대에 구입할 수 있다.

알아두기

조명에 대한 이해

조명은 빛으로 표현하는 메이크업이다. 조명(빛)에 의해 원근감, 공간감, 구체성, 구조적인 모양을 강조하고 보다 구체적인 유영을 만들어 낸다. 이것은 피사체(모델)의 감정과 공간적 효과, 분위기, 양식 등을 만들어 내며, 시간 및 계절적 암시도 표현할 수 있다. 이렇듯 조명은 회화적인 아름다움을 강조하기도, 그 반대의 분위기도 만들 수 있다. 가장 잘 사용한 조명은 조명을 쓴 듯 안 쓴듯한 자연스런 빛으로 보이게 한다는 것이다. 물론 의도적으로 조명에 의한 이미지를 과장되게 표현할 때도 있다.

1.6.1 기본적인 조명 사용법

기본적으로 세 개 이상의 조명을 권장하지만 상황_{인터뷰, 뷰티, 푸드, 제품 등}에 맞는 조명 설정이 필요하다.

1.6.2 조명이 하나일 때

1점 조명으로 하나의 주광_{키라이트}만을 사용할 때를 말한다. 하나의 조명을 사용하는 경우는 많지 않지만 하나의 조명을 사용해야 할 경우라면 피사체의 특정 부분만을 비출 수밖에 없기 때문에 반대쪽 부분은 음영_{그림자}으로 처리된다. 이러한 조명 방식을 사용할 경우에는 누구, 즉 피사체의 어떤 부분을 중심으로 촬영할 것인가에 따라 조명의 위치가 달라지게 된다. 물론 피사체의 특정 부분을 강조하여 입체적인 느낌을 표현하기 위한 특별한 목적으로 사용할 때도 있다.

조명이 하나일 때

1.6.3 조명이 둘일 때

2점 조명으로 두 개의 조명을 사용할 때를 말한다. 하나의 조명을 사용할 때보다 안정적인 분위기를 연출할 수 있다. 피사체의 정면에서 비추는 주광 기라이트은 가장 높은 조도밝기로 사용되며, 측면에서 비추는 보조광 필라이트는 주광으로부터 생기는 명암 그림자을 줄이거나 없애는 효과를 주며, 주광보다 낮은 조도로 사용하여 전체적으로 부드럽게 처리되도록 한다. 이것은 야외 촬영 시 반사판 역할과 같다고 할 수 있다.

조명이 둘일 때

1.6.4 조명이 셋일 때

3점 조명으로 주광_{키라이트}, 보조광_{필라이트} 그리고 역광_{백라이트}까지 사용되는 가장 기본적인 조명 방식으로 세 방향에서 피사체 비출 수 있어 피사체 전체를 안정적으로 표현할 수 있다. 3점 조명에서 사용되는 역광은 피사체 뒤쪽에서 비추기 때문에 피사체와 배경을 분리해 구분될 수 있도록 해주며, 이러한 역광은 피사체 뒤쪽을 비추거나 반대로 배경을 비출 때의 느낌이 달라진다.

조명이 셋일 때_(벽을 비출 때)

1.6.5 인물 촬영을 위한 조명

인물을 위한 조명은 1인, 2인 그리고 여러 명이 있을 때가 달라지지만 인원수와 상관없이 조명의

역할은 동일하다. 인물을 위한 조명은 특히 인물의 피부 색과 헤어 등이 자연스럽게 표현되어야 하며 생동감이 들 도록 해야 한다. 또한, 얼굴 표정이 잘 나타나도록 배경과 얼굴의 명도 균형이 잘 맞아야 한다. 이것은 인물과 배경 의 콘트라스트 비율을 적절하게 유지해야 한다는 것이다. 그러므로 인물의 얼굴 밝기와 배경의 밝기 비율, 인물과 배경의 콘트라스트 비율 등을 고려해야 좋은 화면을 얻 을 수 있다.

기본 인물 조명

1.6.6 음식 촬영을 위한 조명

음식 촬영을 위한 조명의 가장 중요한 포인트는 바로 시청자의 식욕을 자극할 수 있어야 한다는 것이다. 식욕을 자극하는 것은 짜고 달고 매운 정도와 재료의 신선도를 얼마나 느껴지게 할 수 있느

냐이다. 이러한 것은 모두 색으로 느껴지므로 그 만큼 조명의 역할이 중요하다 할 수 있다. 음식 촬영에서의 조명 또한 3점 조명 방식을 주로 사 용하는데 역광보다는 사광 역광과 측과 사이 으로 배치 하는 것이 좋다. 창문을 통해 빛이 들어올 경우 라면 얇은 커튼을 통해 은은하게 들어오는 자연 광을 이용하면 더욱 자연스럽게 표현된다.

음식 촬영을 위한 조명

1.6.7 제품 촬영을 위한 조명

제품 촬영을 위한 조명은 단순한 것 같으면서도 신경을 써야 할 것이 많다. 동일한 조명으로 다양한 제품들의 질감과 색을 표현해야 하기 때문이다. 가령 가죽으로 된 핸드백이나 구두는 같은 가죽 제품이지만 유광이냐 무광이냐에 따라 조명을 다르게 처리해야 한다. 유광 가죽 제품에 조명을 강하게 할 경우에는 지나친 스페큘러 하이라이트가 생겨 제품의 원형이 제대로 표현되지 않는다. 또한, 조명의 조도에 따라 색이 달라질 수 있기 때문에 제품의 색상이 제대로 표현될 수 있도록 조도를 설정해야 한다. 한 가지 더 고려해야 할 것은 어떠한 배경을 사용할 것인가이다. 제품 촬영 시 배경은 인물이나 음식보다 더욱 민감하며, 어떤 배경 질감, 색을 사용하느냐에 따라 느낌이 달라지기 때문에 이 부분에도 각별히 신경을 써야 할 것이다.

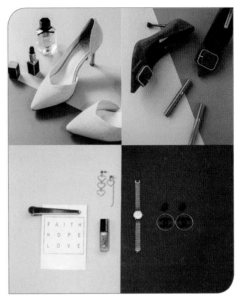

다양한 제품 촬영을 위한 조명

1.6.8 뷰티 촬영을 위한 조명

뷰티 관련 촬영에서의 조명은 모델, 즉 여성의 부드럽고 아름다움을 얼마나 돋보이게 할 수 있느냐가 가장 중요한 포인트이다. 뷰티 촬영에서의 모델은 기본적으로 완벽한 메이크업을 하고 촬영에 임하지만 부드럽고 풍부한 조명 환경이 갖춰지지 않을 경우에는 아무리 메이크업을 잘했을지라도 모델의 아름다움을 표현할 수 없다. 그러므로 뷰티 촬영 시 조명은 소수의 조명으로 조도를 지나치게 높게 하지 않고, 다수의 조명으로 은은한 조도 값을 맞춰 촬영해야 부드러운 느낌을 표현할 수 있다. 이것은 똑같은 메이크업을 한 상태라고 했을 때 집처럼 천장에 설치된 하나의 조명에서 촬영한 것과 스튜디오에서 촬영한 것이 확연히 다르다는 것을 통해 느낄 수 있을 것이다.

뷰티 촬영을 위한 조명

유튜버와 같은 1인미디어 방송에서 모델의 얼굴 부위만 집중적으로 비출 수 있는 서클형 조명도 다양하게 출시되고 있음으로 소규모의 뷰티 콘텐츠를 제작하고자 한다면 저가의 서클형 조명을 사용하는 것도 좋은 방법이다.

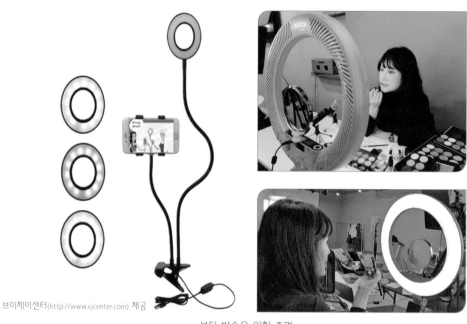

브이제이센터(http://www.vjcenter.com) 제공

뷰티 방송을 위한 조명

알아두기

촬영 장비는 어디서 구매해야 하나?

촬영 장비를 구매하기 위해서는 먼저 장비에 대한 정보를 충분이 숙지하고 있어야 한다. 이것은 해당 장비에 대한 이해를 하고 있을 때 더욱 선별하기 쉽다. 만약 구매하고자 하는 장비에 대한 정보를 충분히 숙지하고 있으며 구매 시기에 대한 여유가 있다면, 비교적 저렴한 직구(해외 쇼핑몰에서 직접 구매)를 권장한다.

알리익스프레스(AliExpres)

아무리 저가의 장비를 구매한다고 해도 초기 비용이 만만치 않게 든다. 최소한의 비용으로 장비 세팅을 하고 싶다면 시간을 투자해야 한다. 이런 상황에서 가장 적합한 것은 인터넷 직구이며, 중국의 세계적인 쇼핑몰인 알리익스프레스(알리)을 추천한다. 이 쇼핑몰에서 구매하면 3주 정도의 기다림이 필요하지만 가격만큼은 확실하게 보장받을 수 있다. 물론 잘 선택한다면 품질 또한 만족할 수 있다. 만약 영문(한문)으로 된 쇼핑몰이 부담스럽다면 크롬 브라우저에서 한글로 변환하면 한글로 된 쇼핑몰을 이용할 수 있다.

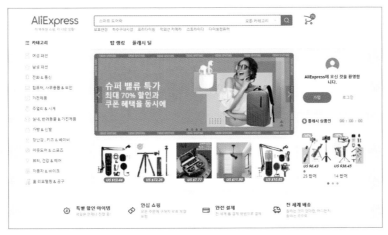

알리익스프레스 쇼핑몰

아마존(amazon)

아마존은 미국의 세계적인 온라인 쇼핑몰이다. 지구상에 존재하는 웬만한 브랜드는 없는 것이 없을 정도로 다양한 제품군을 자랑하고 있으며 가격 또한 저렴한 편이다. 물론 중국산이 주류인 알리익스프레스(AliExpress)에 비할 건 아니지만 말이다. 직구로 거래하면서 비교적 빠르게 배송을 하는 장점을 가지고 있지만, 배송 시 포장 부실로 인한 분실과 가끔은 택배 과정에서 사라지는 경험을 하게 된다.

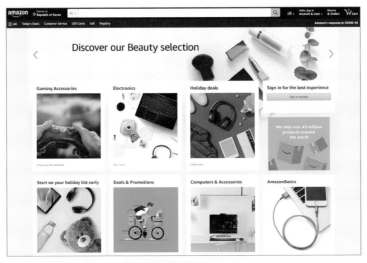

아마존 쇼핑몰

VJ 센터

직구든 국내 쇼핑몰이든 종합 쇼핑몰이 아닌 1인 미디어 장비의 특화된 전문 쇼핑몰을 이용한다면 제품에 대한 문의를 쉽게 요청할 수 있으며, 때로는 사용법과 강의 등도 들을 수 있다. 대표적으로 VJ 센터몰인데, 이 쇼핑몰은 오랜 경험을 가진 임직원들이 상담 및 설치까지 해주므로 이러한 서비스를 받고자 한다면 도움이 될 것이다. 다만 서비스를 누리는 대신 제품에 대한 가격은 알리익스프레스나 아마존 같은 종합 쇼핑몰보다는 비싸게 판매되는 제품도 있지만 부과 서비스를 생각한다면 결코 부담이 되는 건 아니다.

VJ센터 쇼핑몰

2. 촬영, 어떻게 시작해야 하나?

촬영에서 중요한 것은 촬영 장비카메라를 얼만큼 자유자재로 사용할 수 있는지에 대한 익숙함과 다양한 촬영 테크닉 그리고 가장 중요한 포인트는 상황에 맞는 구도를 잘 잡아내는 것이다. 잘된 구도는 시청자로 하여금 편안하게 감상할 수 있게 하지만 불안정한 구도는 시청자에게 불안과 불쾌감을 주게 되기 때문이다. 물론 영화 등의 장면에서는 심리적인 표현을 위해 의도적으로 불편함을 주는 구도를 잡는 경우도 있지만 일반적으로 개인 방송을 위한 콘텐츠는 시청자가 편안하게 볼 수 있는 안정적인 구도가 최상의 구도라 할 수 있다.

 알아두기

촬영을 잘하기 위한 두 가지 팁

1. 자신의 카메라에 빨리 익숙해지자

아무리 오랫동안 촬영을 했던 전문가라도 익숙하지 않은 촬영 장비(카메라)을 접하게 되면 그 낯섦에 당황하게 된다. 최근의 카메라는 기능이 많아지고 메이커마다 기능이 다른 위치 다른 방식으로 설계되어 그립감이 떨어지기 때문이다. 그러므로 처음 접하는 카메라를 통해 촬영을 하게 되면 가능한 한 빠르게 해당 카메라에 익숙해지기 위한 관심이 필요하다.

2. 촬영 자세 잡기

안정적인 화면을 얻기 위해서는 안정적인 구도를 지속적으로 표현해낼 수 있는 안정적인 자세가 필요하다. 안정적인 자세를 확보하기 위해서는 삼각대나 짐벌 같은 장비를 이용하면 되겠지만 상황이 여의치 않을 경우에는 가슴이나 무릎 등의 신체의 일부를 의지하거나 나무, 벤치, 바위, 책상 등과 같은 주변의 사물을 이용하면 된다. 이때 사물은 고정되어 있어야 안정적인 구도를 유지할 수 있다. 프로와 아마추어의 가장 큰 차이점은 바로 원하는 구도를 찾고, 찾은 구도를 제대로 표현할 수 있는 안정된 자세를 잡기 위한 자기 헌신에 있다.

자기 헌신적인 촬영 자세들

2.1 프로가 되기 위한 구도 잡기

같은 장소 같은 장비를 통해 촬영했을 때 프로와 아마추어의 차이점은 바로 구도의 문제일 것이다. 구도를 어떻게 잡느냐에 따라 그 결과물은 현격한 차이가 있기 때문이다. 같은 눈으로 보는 사물인데 왜 프로와 아마추어가 보는 구도가 다른 것일까? 그것은 사물을 어떤 관점과 시선에서 보느냐에 대한 차이이다. 촬영을 하다 보면 사물의 특정 부분만을 표현할 것인지 아니면 사물과 또 다른 사물을 같이 표현할 것인가, 그것도 아니면 눈에 보이는 전체 환경까지 보여 줄 것인가에 따라 구도를 잡는 방법이 달라진다. 여기에서 주 피사체의 위치는 어떻게 잡을 것인가와 헤드룸, 리드룸, 아이룸 등을 어떻게 처리하느냐는 가장 편안하고 안정적으로 볼 수 있는 화면을 완성하는 중요한 요인이 된다.

2.1.1 황금분할

황금분할이란 평면 기하에서, 한 선분을 두 부분으로 나눌 때에 전체에 대한 큰 부분의 비와 큰 부분에 대한 작은 부분의 비가 같게 되는 분할로 주 피사체가 되는 대와 그 주변의 소가 1.618:1의 비율이 되는 것이다. 이것은 가장 조화롭고 안정적이고 아름다운 것으로 인식되는 인간의 무의식적 비율이다. 우측 상단의 그림은 주 피사체를 기준으로 나누는 황금분할 비율을 표시한 것이고, 다음의 그림은 황금분할 비율에 따랐을 때 D를 기준으로 촬영한 것이다. 여기서 참고할 것은 하늘과 바다가 대략 1/3 구도로 촬영되었다는 것인데, 일반적으로 대칭이 되는 1/2 구도보다는 1/3 구도가 원근감 공간감/입체감이 느껴지기 때문에 보다 시작적 효과를 얻을 수 있다.

2.1.2 헤드룸(head room)

안정적인 화면 구성_{구도}에는 헤드룸, 리드룸, 아이룸이 있다. 화면을 구성하는 데 있어 구도를 만들기 위해서는 화면 전체를 하나의 공간이라고 생각하면서 촬영해야 한다. 물론 이 구도는 특별한 장면 연출을 위해 무시되기도 하지만 일반적인 영상에서는 반드시 지켜 주어야 할 요소이다. 첫 번째 헤드룸은 피사체의 머리 부분을 기준으로 한 위쪽 공간_{여백}을 뜻한다. 화면에 머리가 꽉 차게 되면 뭔가 답답해 보이기 때문에 보다 편안해 보이도록 공간을 두는 것이 좋다. 반대로 헤드룸 공간이 너무 많으면 주 피사체가 아래로 내려간 느낌을 주어서 화면의 균형이 깨지게 된다. 즉 주 피사체가 표현되는 부분을 기준으로 헤드룸은 1/8 정도의 여백을 주는 것이 가장 안정적인 화면을 얻을 수 있다. 다음의 두 그림 중 위쪽의 방송 중인 진행자의 모습을 잡았을 때의 그림과 아래쪽 그림의 고전 미술을 통해서도 쉽게 이해할 수 있다.

방송 진행에서의 헤드룸

고전 미술 작품에서의 헤드룸

2.1.3 리드룸(lead room)

불안정적인 리드룸

안정적인 리드룸

2.1.4 아이룸(eye room)

아이룸은 리드룸과 유사한 구도로 피사체가 특정 방향을 바라보고 있을 때 그 방향에 공간을 두는 구도이다. 이 구도 역시 지나치게 공간이 넓거나 좁을 경우 불편함을 줄 수 있기 때문에 가장 편안한 공간을 두어야 한다. 참고로 아이룸은 룩킹룸looking room이라고도 한다.

안정적인 아이룸

2.1.5 다양한 쇼트

샷Shot : 쇼트는 피사체, 즉 인물을 어디에서 어디까지 촬영할 것인가에 대한 화면의 크기를 말한다. 이것은 피사체를 대략적으로 표현할 것인지 특정 부위를 적나라게 표현할 것인지 또는 주변 환경 전체를 표현할 것인지에 따라 달라질 수 있기 때문이다.

1. **클로즈업**(close up : CU): 특정 부분을 적나라게 표현한다. 인물인 경우 얼굴 표정을 표현하기 위해 주로 사용되며, 피사체일 경우 특정 부위의 중요성을 부각, 함축적인 의미를 암시하게 한다.
2. **바스트 샷**(bust shot : BS): 가슴을 기준으로 상체를 표현한다. 뉴스나 인터뷰 등과 같은 영상에 주로 쓰이며 객관적인 느낌을 전달하는 기능을 하게 된다.
3. **웨이스트 샷**(waist shot : WS): 허리를 기준으로 상체를 표현한다. 인물의 상체가슴과 얼굴를 집중하도록 하기 위해 사용된다.

4. **미디엄 샷**(medium shot : MS): 가장 일반적인 쇼트로 인물의 허리 아래를 골반을 기준으로 상체를 표현하는 쇼트이다. 인물이 말을 하거나 동작을 하는데 있어 다리 부분은 거의 움직이지 않기에 허리를 기준으로 한 상체를 주 포커스 영역으로 사용한다.

5. **니 샷**(Knee Shot : KS): 무릎을 기준으로 상체를 표현한다. 운동선수나 댄스와 같은 역동적인 장면에서 움직임을 나타낼 때 사용된다.

6. **풀 샷**(full shot : FS): 인물 전체를 표현하기 위해 사용된다.

7. **롱 샷**(long shot): 주변 환경까지 모두 표현한다. 인물 주변의 상황을 표현하기 위해 사용된다.

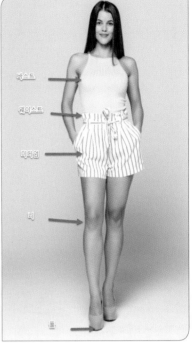

풀 샷

클로즈업

롱 샷

2.2 흔들림의 미학 핸드헬드 촬영

핸드헬드_{Hand-Held}를 직관적으로 요약하면 '흔들리는 영상'이다. 일반적으로 안정된 화면을 얻기 위해 촬영할 때 카메라를 삼각대에 고정해서 촬영하거나 이동이 필요할 땐 별도의 장비_{짐벌}을 사용해서 불안정함을 방지하게 한다. 하지만 이러한 안정된, 즉 고정된 화면은 지루함도 유발하기 때문에 영상의 환기를 위해 핸드헬드라는 불안정한 화면을 연출하기도 한다. 여러 앵글에서 촬영하는 것도 이와 같이 영상의 환기를 위해 사용되는 것이다. 고정된 화면에서 흔들리는 핸드헬드로 촬영된 장면이 이어지면 자칫 어색하게 느껴질 수도 있지만, 최근에는 이러한 장면은 영화나 드라마를 비롯 예능 및 쇼핑 등의 대부분의 방송에서 사용되고 있기 때문에 자연스럽게 받아들이고 있다.

2.2.1 핸드헬드 촬영으로 얻을 수 있는 것들

1. 영상에 생동감을 전달할 수 있다.
2. 현장감을 느끼게 할 수 있다.
3. 장면의 환기_{지루함 개선} 효과를 얻을 수 있다.
4. 장면의 집중도를 높일 수 있다.
5. 인물의 불안정한 심리 상태를 표현할 수 있다.
6. 다이내믹한 장면을 표현할 수 있다.

2.2.2 짐벌을 활용한 핸드헬드 촬영

핸드헬드의 주목적인 흔들리는 화면을 얻는 것이지만 때로는 짐벌을 이용하여 안정된 화면에서도 생동감, 환기, 다이내믹한 장면들을 표현할 수도 있으며, 안정됨 속에서 다양한 무빙을 원한다면 짐벌을 적극 활용하기 권한다.

짐벌을 이용한 핸드헬드 촬영

짐벌로 할 수 있는 촬영 기법들

1. 패닝(panning): 수평으로 회전하는 촬영하는 기법으로 빠른 이동 속도를 보여줄 때의 속도감을 표현할 수 있다.

2. 틸트(tilt): 상하 수직으로 촬영하는 기법으로 화면 전환이나 장면 도입 시 사용한다.

3. 달리(dolly): 피사체와 가까워지거나 멀어지는 화면을 표현하기 위한 기법으로 피사체 주변 환경과 피사체의 특유의 움직임을 보여 줄 때 사용한다.

4. 트래킹 샷(tracking shot): 피사체의 동선을 따라가면 촬영하는 기법으로 움직이는 피사체를 집중적으로 보여 주기 위해 사용한다.

5. 크레인 샷(crane shot): 카메라 앵글의 높낮이에 변화를 주는 기법으로 피사체의 모습을 아래에서부터 위로 훑으며 보여 주는 붐업boom up되는 장면을 표현하기 위해 사용한다.

6. 360 회전 롤 샷(360 roll shot): 카메라를 360도로 회전하는 기법으로 피사체를 회전시켜 독특한 화면을 연출할 때 사용한다. 쇼 프로그램에서 종종 볼 수 있다.

알아두기

모델처럼 보이게 하는 앵글 잡기

인물을 촬영할 때 모델처럼 아름답게 표현할 수 있는 비결은 카메라 앵글의 각도와 깊은 관련이 있다. 카메라 각도에 따라 인물이 뚱뚱하거나 날씬하게 보일 수 있으며, 작은 키로도 훤칠한 키로 보이게 할 수 있기 때문에 촬영 시 카메라 앵글에 대해서도 각별히 신경을 써야 할 것이다.

1. 사실적인 표현을 위해 인물을 가운데에 두고 촬영하기

카메라 렌즈에 들어온 피사체, 즉 인물이 렌즈 양쪽으로 치우치게 되면 렌즈 왜곡으로 인해 넓어지게 되어 뚱뚱하게 표현된다. 그러므로 가장 실물에 가깝고 날씬하게 표현하고자 한다면 인물을 렌즈 중앙에 나타나도록 한 후 촬영해야 한다. 이러한 현상은 특히 스마트폰 카메라에서 두드러지게 나타나므로 스마트폰 카메라를 통해 촬영하는 경우라면 각별히 신경을 써야 한다.

렌즈 왼쪽으로 치우쳐 촬영된 모습

렌즈 중앙에서 촬영된 모습

2. 늘씬하고 긴 다리 선을 표현하기 위해 로우 앵글로 촬영하기

로우 앵글(low angle)은 카메라를 피사체보다 낮은 곳에서 위쪽으로 촬영하는 기법으로 사물일 경우 웅대하게 느껴지게 하며, 남성일 경우 위엄 있게 보여지고, 여성일 경우에는 늘씬하고 긴 다리 선을 표현할 수 있다. 스마트폰 카메라일 경우 앵글에 따른 화면의 왜곡이 심하기 때문에 적절한 앵글 높이를 설정해야 한다.

로우 앵글로 촬영된 모습

3. 동안으로 보이기 위해 하이 앵글로 촬영하기

하이 앵글(high angle)은 로우 앵글과 반대로 피사체보다 높은 곳에서 아래쪽으로 촬영하는 기법으로 결과도 로우 앵글과 반대이다. 만약 동안의 얼굴로 보이고 싶다면 하이 앵글에서 촬영하라. 그렇지만 늘씬하고 긴 다리는 포기해야 할 것이다.

하이 앵글로 촬영된 모습

이렇듯 카메라 앵글에 따라 피사체(인물)의 모습도 각기 다르게 표현되므로 원하는 결과를 생각하면서 앵글을 잡아야 한다.

Chapter 05
맨땅의 편집

편집은 영상의 꽃이다. 최근에는 편집의 비중이 더욱 높아지고 있어 편집을 하는 시간이 촬영을 하는 시간보다 몇 배 더 소요된다. 처음 시작하는 유튜버들은 촬영뿐만 아니라 편집도 생경할 것이다. 촬영은 스마트폰과 같은 기기를 통해 해본 경험이 있기 때문에 그럭저럭 헤쳐나갈 것이라고 보지만 편집은 촬영 때와는 다르게 높은 벽 앞에 서 있는 듯한 막막함을 느끼게 될 것이다. 이러한 감정은 처음 시작하는 유튜버들에게 공통된 것이므로 너무 어렵게 생각하지 말고 무작정 시작하여 차근차근 쉬운 방법부터 해결해 나가다 보면 어느새 편집에 자신감이 붙어 있을 것이다.

1.   스마트폰 편집 앱 100% 활용법

PC 버전의 전문 영상 편집 프로그램은 유튜버를 처음 시작하는 초보자에게는 어려운 산이다. 그러므로 처음에는 쉽고 간단하게 편집할 수 있는 스마트폰 영상 편집 앱을 경험해 보길 권한다. 대부분의 기능이 자동화 혹은 미리 제작된 템플릿을 통해 초보자도 쉽게 영상 편집을 할 수 있기 때문이다. 물론 영상 편집 앱은 사용하기는 편리하지만 전문적인 작업은 쉽지 않기 때문에 영상 편집을 경험하는 정도로만 생각하고 어느 정도 익숙해지면 PC 버전 전문 영상 편집 프로그램을 배우길 권한다.

1.1 스마트폰(모바일기기) 앱 VLLO(블로)를 이용한 영상 편집

스마트폰에서 영상 편집을 할 수 있는
앱은 비바비디오, VLLO, 멸치 등 아주 다
양하다. 대부분 기본 기능은 무료로 제공
하고, 고급 효과 등은 유료화하고 있다. 여
기에서는 영상 편집 앱 중에 가장 보편적
으로 사용되는 VLLO블로 앱을 통해 영상
편집하는 방법에 대해 배워 보기로 한다.
참고로 VLLO는 아이폰과 안드로이드 폰
에서 모두 사용이 가능하다.

비바비디오 앱

멸치 앱

1.1.1 VLLO(블로) 시작하기

먼저 자신의 스마트폰에서 플레이 스토어Play 스토어로 들어가서
VLLO를 입력하여 블로를 검색하여 찾은 후 [설치] 버튼을 눌러 설치
한다.

플레이 스토어

● 본 도서에서 사용되는 VLLO는 안드로이드 버전을 활용하였다.

설치가 끝나면 [열기] 버튼을 눌러 VLLO를 실행한다. 참고로 VL-LO블로는 컷 편집, 배속, 자막, 모자이크, 화면 비율, 배경색, 전환 효과, 켄번, 움직이는 스티커, 텍스트, 템플릿, 배경 음악, 목소리 녹음, 효과음, 필터, 보정, 역방향, 모션포토 등의 다양한 기능을 제공한다. 물론 모든 기능과 템플릿들이 무료로 제공되는 것은 아니므로 원하는 템플릿이 유료 또는 무료인지 확인하면서 작업을 하자.

VLLO 이용 안내를 읽고 영상 편집에 사용하고자 하는 이미지, 동영상, 오디오, 저장 공간 접근에 대한 권한을 부여하기 위해 [확인] 버튼을 누른다. 그다음 엑세스를 허용하기 위해 [허용] 버튼을 누른다.

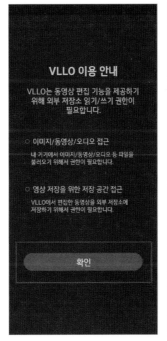

이제 본격적인 영상 편집을 위해 [비디오/GIF 만들기] 영역을 선택
한다.

영상 편집에 사용할 미디어 파일을 선택해야 하는데, 이번에는 비디
오 클립만 불러오기 위해 [비디오] 항목을 선택한 후 편집하고자 하는
동영상 파일을 선택^{필자는 두 개의 비디오 클립을 선택했음}한 후 오른쪽 상단 [→]
버튼을 클릭한다. 사용한 미디어 파일을 캘러리에서 삭제하지 말라는
메시지 창이 열리면 [확인] 또는 [다시 묻지 않기] 한다.

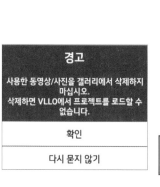

- 영상 편집은 이미지 파일도 가능하며, 자신의 스마트폰에 있는 동영상 파일을 사용하도록 한다.

작업 화면, 즉 편집할 규격가로세로 비율을 선택한다. 여기에서는 유튜브 콘텐츠 작업을 위한 것이므로 16:9를 선택한 후 오른쪽 [→] 버튼을 클릭하여 앞서 선택한 동영상 클립을 불러온다.

- VLLO의 메뉴 및 기능 버튼의 모습은 버전에 따라 조금씩 달라질 수 있다.

동영상 클립이 임포팅되면 본격적으로 편집을 할 수 있는 메인 작업 화면이 나타난다. 작업 화면 하단에는 오디오, 모션 스티커, 글자, PIP, 필터라는 메뉴 버튼을 확인할 수 있다. 오디오 편집 모드에서는 편집 트랙타임라인이 배경 음악, 효과음, 목소리 등으로 구성되어 있다.

1. 삭제: 선택된 클립 삭제하기.
2. 오디오: 오디오 편집 모드로 전환하기.
3. 스티커: 스티커 편집 모드로 전환하기.
4. 글자: 글자자막 작업 모드로 전환하기.
5. PIP: 화면 위에 또 다른 화면을 넣기 위한 작업 모드로 전환하기.
6. 필터: 비디오 클립의 색상, 밝기, 효과 등의 작업을 할 수 있는 작업 모드로 전환하기.

1.1.2 비디오 클립(장면) 컷 편집하기

편집에 사용할 비디오 클립을 불러와서 가장 먼저 해야 할 작업은
비디오 클립의 불필요한 장면을 잘라내는 작업, 즉 컷 편집 작업이다.
먼저 비디오 클립을 편집하기 위해 편집할 비디오 클립을 손가락으로
클릭선택한다. 그러면 비디오 클립 편집 모드로 이동된다.

비디오 클립 편집 모드로 이동
되면 비디오 클립 부분에서 손가
락을 눌러 좌우로 이동하여 편집
점을 찾아 준다.

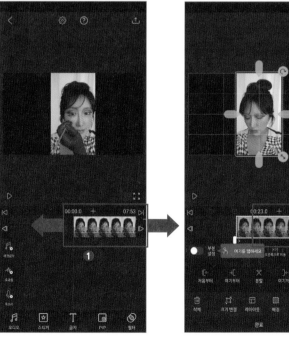

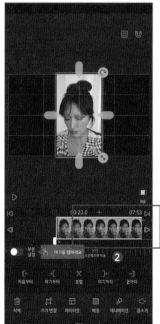

그다음 [여기부터] 버튼을 선택한다. 그러면 앞서 지정한 편집 점을 기준으로 앞쪽의 장면이 컷 편집된다. 이와 같은 방법으로 뒤쪽 장면의 컷 편집할 장면을 찾은 후 [여기까지] 버튼을 클릭하면 된다. 컷 편집이 끝나면 [완료] 버튼을 선택하여 메인 작업 화면으로 이동한다.

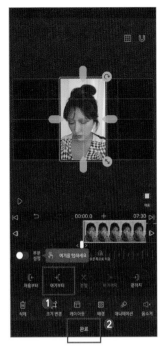

1. **처음부터**: 선택된 비디오 클립의 원본의 시작 장면을 시작 점으로 사용하기.

2. **여기부터**: 비디오 클립의 지정된 지점_{장면}을 시작 점으로 자르기.

3. **분할**: 비디오 클립의 지정된 지점_{장면}을 기준으로 두 개로 분할하기.

4. **여기까지**: 비디오 클립의 지정된 지점_{장면}을 끝 점으로 자르기.

5. **끝까지**: 선택된 비디오 클립의 원본의 시작 장면을 끝 점으로 사용하기.

6. **크기 변경**: 선택된 비디오 클립의 크기 조절하기.

7. **레이아웃**: 비디오 클립의 레이아웃 변경하기.

8. **배경**: 배경 색상 설정하기.

9. **애니메이션**: 선택된 비디오 클립에 애니메이션 적용하기.

10. **음 소거**: 선택된 비디오 클립의 사운드 음소거하기.

11. **부분 설정**: 화면에 모션을 표현하는 캔버 작업 모드 활성화하기.

1.1.3 배경 음악 편집하기

배경 음악 트랙을 선택하면 테마별 배경 음악 라이브러리가 제공되며, 파일 메뉴를 통해 스마트폰에 있는 오디오 클립 파일을 불러와 사용할 수도 있다. 여기에서는 #뷰티 & 패션을 선택해 본다. 그러면 해당 테마의 음원이 나타나는데, 자물쇠로 잠긴 유료 말고 위쪽 무료 중 하나를 선택한다.

해당 음원이 다운로드된 후 재생되면 해당 음원을 확인할 수 있다. 이제 다운로드된 음원을 사용하기 위해 오른쪽 하단의 [V] 버튼을 누른다. 그러면 컷 편집을 할 수 있는 오디오 편집 모드로 전환된다.

오디오 편집 모드에서의 컷 편집은 해당 오디오 클립의 시작 부분과 끝부분을 손가락으로 누른 후 좌우로 이동하여 불필요한 소리를 잘라줄 수 있다. 오디오 편집이 끝나면 아래쪽 [완료] 버튼을 선택하여 메인 작업 화면으로 이동한다.

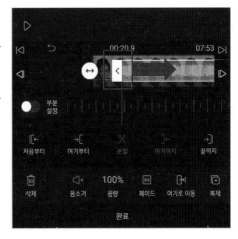

1. 삭제: 선택된 클립 삭제하기

2. 음소거: 오디오 클립의 소리 끄기

3. 음량: 선택된 오디오 클립 볼륨 조절하기

4. 페이드: 오디오의 시작과 끝부분의 소리를 서서히 들리고 서서히 사라지게 하기

5. 여기로 이동: 편집 점을 설정한 후 편집 점으로 자동 이동하기

6. 복제: 선택된 오디오 클립을 뒤쪽에 복제하기

1.1.4 목소리(내레이션) 녹음하기

메인 작업 화면으로 이동되면 앞서 적용한 배경 음악이 비디오 클립 아래쪽에 적용된 것을 알 수 있다. 이번에는 내레이션 작업을 해보기 위해 [목소리]를 선택한다.

목소리에는 음성을 녹음할 수 있는 버튼이 있는데, 일단 녹음이 시작되는 위치를 지정하기 위해[여기를 탭하세요] 영역에서 손가락을 눌러 좌우로 이동하여 원하는 녹음 지점을 찾아 준다. 그다음 아래 [레코딩] 버튼을 누른다. 그러면 3초 지연 타이머가 표시된 후 지정된 지점을 시작으로 녹음이 시작된다.

녹음을 끝내기 위해 [정지] 버튼을 누른다. 이제 녹음된 오디오를 적용하기 위해 오른쪽 하단의 [V] 버튼을 누른다. 그러면 녹음된 클립을 컷 편집을 할 수 있는 오디오 편집 모드로 전환된다.

녹음된 클립에 대한 별도의 컷 편집 작업이 필요 없다면 아래쪽 [완료] 버튼을 눌러 메인 작업 화면으로 돌아온다. 이와 같은 방법으로 오디오에 대한 작업을 할 수 있다.

- 메인 타임라인에 적용된 오디오 클립들을 재편집하기 위해서는 해당 오디오 클립을 선택하면 된다.
- 효과음은 생활음, 교통수단, 동물, 만화, 무기, 박수, 관중, 사람, 벨, 악기, 액션, 공포, 자연, 효과 등의 음원들을 제공한다.

1.1.5 스티커 사용하기

스티커 작업 모드에서는 화면 위에 움직이는 모션 아이콘(이모티콘)을 넣거나 프레임, 템플릿을 적용하고 편집할 수 있다. 살펴보기 위해 아래쪽 [스티커]를 선택한다. 그러면 모션 스티커, 프레임, 템플릿 트랙으로 전환된다. 여기에서는 모션 스티커를 선택하여 살펴보기 위해 선택해 본다.

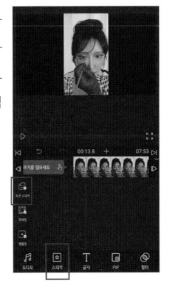

모션 스티커 작업 모드로 이동되면 원하는 스티커를 선택한다. 그러면 비디오 클립_{화면} 위쪽에 적용된다. 적용된 모션 스티커는 모서리 기능들을 이용하여 크기, 삭제, 회전을 할 수 있으며 위치는 가운데 부분을 손가락으로 누른 후 이동할 수 있다. 작업이 끝나면 오른쪽 하단의 [V] 버튼을 누른다. 그러면 스티커가 적용된 모션 스티커를 편집할 수 있는 모션 스티커 편집 모드로 전환된다.

● 모션 스티커는 스티커가 움직이는 것이 아니라 애니메이션된 아이콘(이모티콘)을 사용하는 스티커 이다. 만약 스티커 자체를 움직이게 하려면 모션 스티커 작업 모드에서 애니메이션 기능을 이용 해야 한다.

모션 스티커 작업 모드에서도 컷 편집을 할 수 있으며, 스티커 삭제, 크기, 투명도, 혼합, 색상, 애니메이션 작업을 할 수 있다. 특히 애니메이션 메뉴를 사용하면 스티커 자체가 움직이는 모션 작업을 할 수 있다. 살펴보기 위해 [애니메이션]을 선택한다. 애니메이션으로 들어가면 페이드, 확대, 축소 등의 애니메이션이 있는데 원하는 애니메이션을 선택해 보면 어떻게 애니메이션이 되는지 알 수 있다. 확인이 끝나면 [완료] 버튼을 선택하여 적용해 본다.

1. 시작 부분: 모션 스티커의 시작 부분에 대한 애니메이션 적용하기.
2. 끝부분: 모션 스티커의 끝부분에 대한 애니메이션 적용하기.

모션 스티커 작업 모드로 전환되면 [완료] 버튼을 클릭하여 메인 작업 화면으로 이동한다.

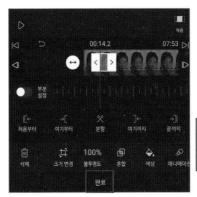

• 스티커 작업 모드의 프레임과 템플릿은 앞서 살펴본 모션 스티커 모드와 비슷한 방법으로 사용하기 때문에 여러분이 직접 살펴보기 바란다.

프레임

템플릿

1.1.6 글자 사용하기

글자 작업 모드는 기본 글자와 라벨, 자막 작업을 할 수 있는 모드이다. 글자 모드로 이동한 후 [글자]를 선택한다. 그러면 글자 작업을 할 수 있는 모드로 전환된다. 여기에서 원하는 글자 스타일을 선택하면 영상 화면에 글자가 적용된다. 적용된 글자를 편집하기 위해 오른쪽 하단의 [V] 버튼을 누른다. 그러면 적용된 글자를 편집할 수 있는 글자 편집 모드로 전환된다.

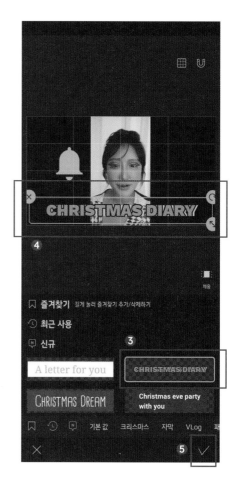

글자를 수정하기 위해 [글자]를 선택
한다. 글자 입력 모드로 전환되면 원하
는 글자를 입력한 후 하단의 [∨] 버튼
을 선택하여 적용한다.

변경된 글자가 적용되면 [완료] 버튼
을 선택하여 메인 작업 화면으로 이동
한다.

- 글자 작업 모드의 라벨과 자막은 앞서 살펴본 글자 모드와 비슷한 방법으로 사용하기 때문에 여
  러분이 직접 살펴보기 바란다.

1.1.7 PIP(Picture in Picture) 사용하기

PIP는 메인 화면_{장면} 위에 이미지나
비디오 클립을 작은 화면으로 나타나
게 하는 기법으로 PIP 모드는 이미지,
GIF 비디오 트랙이 제공된다. 살펴보
기 위해 [이미지]를 선택한 후 PIP로 사
용할 이미지를 선택한다.

경고창이 뜨면 [확인]한다. 그러면 화면에 방금 불러온 이미지가 적
용된다. 적용된 이미지는 크기와 위치를 변경할 수 있다. 작업이 끝나
면 [완료] 버튼을 선택하여 PIP 작업 모드로 이동한다.

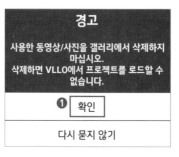

PIP 작업 모드에서는 PIP 이미지_{동영상}의 크기, 위치, 회전, 크로마키, 혼합, 애니메이션 작업을 할 수 있다. 모든 작업이 끝났다면 [완료] 버튼을 선택하여 메인 작업 화면으로 이동한다.

- PIP 작업 모드의 GIF와 비디오는 앞서 살펴본 이미지 작업 모드와 비슷한 방법으로 사용하기 때문에 여러분이 직접 살펴보기 바란다. 참고로 비디오 PIP는 유료이다.

1.1.8 필터 사용하기

필터는 이미지_{동영상}의 색상, 밝기, 왜곡, 효과를 줄 때 사용되는 작업 모드이며, 무료 버전에서는 필터만 사용할 수 있다. 살펴보기 위해 [필터]를 선택한다. 필터 모드로 전환되면 원하는 필터를 선택한다. 그러면 원본 비디오 클립의 색상이 바뀐 것을 알 수 있다. 그밖에 다양한 필터들은 여러분이 직접 적용해 보기 바란다.

필터 작업 모드로 이동되면 필터 강
도를 조절할 수 있는데, 강도를 설정해
보기 위해 [강도]를 선택한다. 강도 조
절은 눈금 위에서 손가락으로 누른 후
좌우로 이동하면 된다. 설정 후에는
[완료] 버튼을 선택한다.

필터 설정이 모두 끝나면 [완료] 버튼을 선택하여 메인 작업 화면으
로 이동한다. 이것으로 VLLO에서의 모든 편집 작업에 대해 살펴보았다.

1.1.9 최종 출력하기(동영상 파일 만들기)

모든 편집 작업이 끝났다면 이제 작업한 내용을 최종적으로 동영상 파일로 만들어야 한다. 파일을 만들어 주기 위해 오른쪽 상단 [비디오 추출] 버튼을 선택한 후 최종 동영상 파일로 만들기 위한 포맷, 해상도, 프레임레이트 등을 설정한 후 [추출하기] 버튼을 선택한다.

추출하기를 하면 렌더링 과정을 거쳐 설정된 규격의 동영상 파일이 만들어진다. 살펴본 것처럼 VLLO는 대부분의 작업이 자동화되어 있으므로 초보자도 쉽게 익힐 수 있다. 하지만 전문가 수준의 작업을 할 수 없으므로 VLLO는 영상 편집이 어떤 것인가에 대해서만 이해하는 시간이 되었으면 한다.

● 최종 렌더가 끝나면 인스타그램, 유튜브, 페이스북 등의 SNS로 업로드 가능하다.

● 유튜브에서 VLLO 강의를 검색하면 제법 다양한 강의들이 있으니 참고하기 바란다.

2. PC 편집 프로그램 100% 활용법

PC 버전 동영상 편집 프로그램의 종류는 아주 다양하다. PC 버전은 대부분 앞서 살펴본 VLLO보다 훨씬 전문적인 기능을 제공한다. 배우기가 다소 어렵지만 여러분은 이미 VLLO를 통해 편집의 맛을 느꼈으므로 어렵지 않게 접근할 수 있을 것이다.

2.1 동영상 편집을 위한 프로그램 알아보기

동영상 편집, 반드시 프리미어나 파이널 컷 같은 유명한 프로그램을 사용해야 하는가? 이 프로그램들은 너무 어렵고 비싸던데…. 대중화되어 있는 기존의 편집 프로그램은 오랜 시간을 통해 인지도가 높아졌기 때문에 많은 사용자를 가지고 있다. 하지만 처음 시작하는 분들에게는 이러한 인지도에 영향을 받을 필요가 없다. 여기서 가장 중요한 것은 구매 비용과 용도, 편의성 등을 고려하여 자신한테 적합한 프로그램을 선택해야 한다. 20년 동안 저자가 다루어 본 집필 및 공인 자격증이 있는 현존하는 동영상 편집 프로그램들에 대한 장단점을 소개한 아래의 내용을 참고하기 바란다.

	장점	단점
Pr 프리미어 프로	■ 가장 많은 사용자층 형성 ■ 자사 제품과의 뛰어난 호환성 ■ 지원 플러그인의 다양성 ■ 신속한 최신 기능 탑재 ■ 배울 수 있는 방법의 다양성	■ 무겁고 복잡한 인터페이스 ■ 느린 렌더 타임(작업 속도 느림) ■ 모션 및 합성 작업의 불편함 ■ 불편한 클라우드 방식의 플랫폼 ■ 매달 2~3만 원 사용료 지불
파이널 컷 프로	■ 가장 안정된 맥(OSX) 환경 이용 ■ 에러 시 자동 복구 능력 ■ 지원 플러그인의 다양성 ■ 세부 편집(작업)의 편의성 ■ 전문가에게 적합한 인터페이스	■ 맥(OSX) 전용 프로그램 ■ 유니크한 작업 인터페이스 ■ 모션 및 합성 작업의 불편함 ■ 고가의 맥 PC 가격 ■ 고가의 프로그램 가격
V 베가스	■ 가벼운 인터페이스 환경 ■ 저사양 PC에서도 구동 가능 ■ 여러 개의 프로젝트 실행 가능	■ 모션 및 합성 작업의 불편함 ■ 불안정한 한글 자막 입력 ■ 고가의 프로그램 가격

프로	■ 지원 플러그인의 다양성	■ 개인 작업용이라는 인식	
	■ 효율적인 기본 편집 기능	■ 자주 바뀌는 제조사	
	■ 뛰어난 오디오 편집 기능	■ 윈도즈 전용 프로그램	
파워디렉터	■ 초보자에게 적합한 인터페이스	■ 무거운 인터페이스	
	■ 쉽게 사용할 수 있는 템플릿 지원	■ 느린 렌더 타임(작업 속도 느림)	
	■ 비교적 저렴한 가격	■ 템플릿 작업 구조로 인한 창의적인 편집 불가	
	■ 스마트 기기의 앱 지원	■ 홈비디오용으로 전문가에게 부적합	
히트필름(익스프레스)	■ 무료 버전 지원	■ 다른 프로그램에 비해 늦게 출시되어 사용자층이 많지 않음	
	■ 심플하고 가벼운 인터페이스	■ 배울 수 있는 방법의 다양성 부족	
	■ 저사양 PC에서도 구동 가능	■ 다른 툴과의 호환성 부족	
	■ 자동화된 색 보정 기능 지원		
	■ 편집, 합성, 모션 작업을 하나의 공간에서 가능한 올인원 환경		
	■ 모션 및 합성 작업 시 가장 빠른 실시간 렌더 엔진 지원		
	■ VR 편집을 위한 뷰어 및 전용 효과 제공		

살펴본 것처럼 영상 편집에 사용되는 툴은 매우 다양하며 애프터 이펙트, 에디우스, 다빈치 리졸브 등 위 소개에서 설명되지 않은 프로그램 또한 다양하다. 여기에서 중요한 것은 사용자가 어떤 영상을 만들고 배포할 것인지에 대한 목적에 있다.

2.2 영상 편집을 위한 최소 PC 사양

동영상 편집 프로그램을 설치하기 전에 여러분이 사용하는 컴퓨터 환경사양을 미리 살펴보기 바란다. 다음은 동영상 편집에 적합한 하드웨어 및 소프트웨어운영체제 사양이다. 원활한 작업을 위해 해당 사양에 부합되도록 컴퓨터 환경을 구축하기 권장한다.

1. 맥Apple MacOS 10.14 모하비 / 10.13 High Sierra / OS X 10.12 Sierra 또는 OS X 10.11 El Capitan

2. 윈도즈Windows Windows 10₆₄ 비트 / Windows 8₆₄ 비트

3. 인터넷 온라인인터넷을 통해 프로그램 사용 인증을 하기 위해 필요함.

4. 프로세서 Intel Core i5 / Core i7권장 또는 AMD와 동일합니다.

5. 메모리RAM 8GB/16GB 이상 권장

6. 그래픽 카드 NVIDIA GeForce 400 시리즈권장 / AMD Radeon HD 6000 시리즈 / 인텔 HD 그래픽 4000GTX / 비디오 메모리 최소 1GB4K UHD의 경우 2GB 이상 필요함.

2.3 영상 편집 프로그램 무엇을 사용해야 할까?

20년 동안 무수히 많은 영상 편집 툴을 사용해 보고 느꼈던 것은 서로 엇비슷한 툴들이 가진 장점을 극대화하고 단점을 보강한 툴은 왜 없을까였다. 이것은 산업 생태계 구조가 각자도생을 해야 하는 치열한 경쟁 속에서 어도비 제품들의 의존도가 높았던 것 또한 이유가 될 수 있었을 것이다. 하지만 몇 해 전부터 어도비 제품의 독주에 제동을 걸 수 있을 만큼 매력적인 '히트필름'이라는 프로그램이 등장하여 영상 편집 분야의 영역을 빠르게 확장해 가고 있다. 그 이유는 바로 프리미어 프로, 애프터 이펙트, 파이널 컷 등이 가진 장점을 하나의 공간에서 사용할 수 있도록 고안된 All In One올인원 인터페이스와 수시로 업데이트되는 히트필름 제작진들의 능력과 영리함에 때문이다. 또한, 이 엄청난 프로그램을 무료로 사용할 수 있다는 것은 히트필름의 가장 큰 무기이다.

이런 이유로 본 도서에서는 무료 동영상 편집 프로그램인 히트필름 익스프레스 버전을 사용하여 동영상 편집을 하는 과정을 설명할 것이다.

반드시 프리미어 프로나 애프터 이펙트, 파이널 컷 프로, 에디우스 등을 사용해야만 하는 상황이 아니라면 히트필름을 사용하길 권장한다.

3. 똥손이 촬영한 영상도 금손 편집이 살린다

누구나 촬영을 하는 시대가 되었다. 스마트폰이 그 역할을 제대로 하였다. 하지만 촬영의 기본기를 갖추지 않은 상태에서 무작정 촬영하게 되면 전문가 수준의 안정적인 장면화면을 얻을 수 없을 것이다. 이러한 상황은 유튜브 콘텐츠 시대가 시작되면서 경험이 없는 촬영 비전문가들이 촬영한 영상을

보면 확연히 알 수 있다. 하지만 불안정적인 장면이라도 적당한 장면에서의 컷 편집, 멋지고 센스 넘치는 자막, 이펙트와 사운드 이펙트 등의 편집 기술에 의해 이러한 문제들을 상쇄할 수 있게 되었다. 그만큼 편집의 비중이 높아졌다는 것이다. 만약 자신이 촬영에 약하다면 편집 기술을 익혀 시청자의 시선을 사로잡기 바란다.

3.1 히트필름 익스프레스 설치하기

이제부터 본 도서에서 사용할 동영상 편집 프로그램인 히트필름 익스프레스 버전을 설치하고 전문가 못지않은 편집 기술을 배워보도록 하자.

3.1.1 히트필름을 다운로드하기 위한 계정 만들기(회원 가입)

무료 영상 편집 툴인 히트필름 익스프레스를 다운로드하기 위해 인터넷 브라우저의 주소 입력하는 곳에서 히트필름 제작사인 www.fxhome.com으로 접속한다. 그다음 [Account] 버튼을 클릭한 후 열리는 Log in... 창에서 [Get free account] 버튼을 클릭한다.

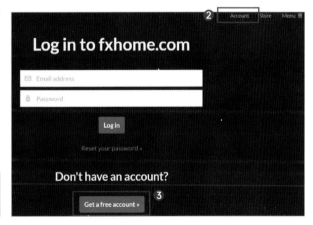

계속해서 [Join today] 창이 열리면 회원 가입을 위해 그림처럼 사용자 이름(영문)과 이메일 주소, 사용할 비밀번호를 입력하고 국가와 나이를 선택한 후 그밖의 옵션을 체크한 후 [Create account] 버튼을 클릭한다. 그다음 계정이 정상적으로 생성되면 그림처럼 [Thanks! Now Check your email and...] 창이 열리게 된다. 이제 이메일에서 확인 및 로그인을 하기 위해 [Send email again] 버튼을 클릭한다.

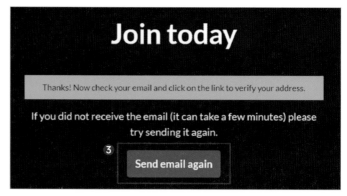

- 히트필름 익스프레스는 PC 1대에 하나의 계정만 설치되므로 다른 컴퓨터에는 무조건 다른 계정 (사용자 이름과 이메일)을 사용해야 하며, 중복된 정보가 있을 경우 에러 메시지가 뜨게 된다.

계속해서 앞서 계정을 만들 때 사용한 이메일로 들어간다. 그러면 그림처럼 FXhome에서 보낸 메일이 도착해 있을 것이다. 여기에서 [COMPLETE YOUR REGISTRATION] 버튼을 클릭하여 다운로드 페이지가 열리도록 한다.

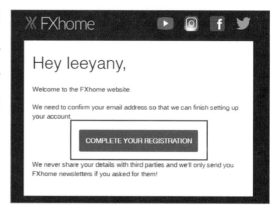

- 링크 버튼의 이름은 버전에 따라 달라질 수 있다.

3.1.2 히트필름 익스프레스 다운로드하기

자동 로그인 상태로 FXhome 웹사이트가 열리면 [Menu] - [Hit Film Express FREE] 버튼을 클릭한 후 다음 창이 열리면 [Get HitFilm Express Free] 버튼을 클릭하여 다음 창으로 이동한다.

그러면 무료였던 히트필름에 가격이 생겼다는 것을 알 수 있는데, 그냥 무시하고 무료로 사용하기 위해 캐릭터 아이콘을 우측 끝으로 이동한다. 그러면 무료로 사용되는 히트필름으로 설정된다. 이제 [Download] 버튼을 클릭한다.

이제 히트필름 익스프레스를 설치하기 위해 Step 2 : Download the installer에서 프로그램을 다운로드받는다. 필자는 윈도우 버전을 선택하였다.

Step 1: Uninstall any existing copies

Firstly, uninstall any existing copies of HitFilm Express that you might already have on your computer.

Step 2: Download the installer

Click the download button below that corresponds to the operating system you are running. This will download the installer to your computer.

Download Windows installer - version 16.0.10807 (403MB) » ❶

Download Mac installer - version 16.0.1192 (486MB) »

By downloading you agree to the software license agreement.

- 히트필름은 지속적인 업데이트를 하므로 여기에서 설명하는 버전보다 상위 버전일 수 있다.

알아두기

시리얼 번호에 대하여

1. 자신의 카메라에 빨리 익숙해지자

Step 4 : Activate the software를 보면 시리얼 번호가 나오는데, 이 번호는 차후 정상적으로 사용하기 위한 번호이기 때문에 복사해 놓는다.

Step 4: Activate the software

- Launch the program
- Choose Activate & Unlock.
- Sign in with your FXhome website account details.
- Follow the on screen instructions.
- If asked for a serial, enter the following serial WP3LC-SG48H-MCZRD-GKCNG-J8D6I

3.1.3 히트필름 익스프레스 설치하기

히트필름 설치를 위한 환경이 조성되었다면 이제 앞서 다운로드한 실행 파일HitFilmExpress_x64을 클릭하여 설치를 시작한다. 설치 과정에서는 특별한 설정이 없으므로 [Next]와 [Typical], [Install], [Finish] 버튼을 클릭하여 설치를 완료한다.

❶ HitFilmExpress_x6....msi

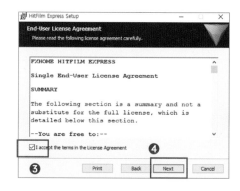

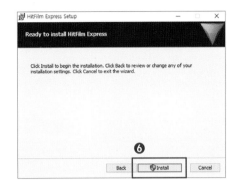

3.1.4 히트필름 익스프레스 인증(액티베이션)하기

설치가 끝났다면 히트필름이 자동 실행될 것이다. 최초로 실행된 히트필름은 어카운트를 통해 인증해야 작업한 내용을 최종적으로 출력파일 만들기할 수 있다. 히트필름 인터페이스 우측 상단을 보면 [Activate]라고 표시되어 있는 것을 알 수 있듯 초기에는 편집은 가능하지만 출력이 불가한 상태이므로 액티베이트를 해야 한다.

[Activate] 버튼을 클릭한 후 어카운트 창이 열리면 앞서 다운로드를 위해 사용자 등록에 입력했던 이메일과 비밀번호를 입력하고 [LOGIN] 버튼을 클릭하여 인증을 마무리한다.

어카운트 인증이 끝나면 프로그램을 종료하였다가 다시 열어 주어야 한다. [Ctrl] + [F4] 키를 누르거나 우측 상단 모서리에 있는 [X] 버튼을 클릭하여 종료한 후 다시 실행하게 되면 액티베이트 표시가 사라지게 된다. 이것은 익스프레스 버전을 정상적으로 사용할 수 있다는 의미이다. 이제부터 히트필름을 통해 실제 영상 편집 작업을 하는 방법을 하나하나 학습해 보도록 한다.

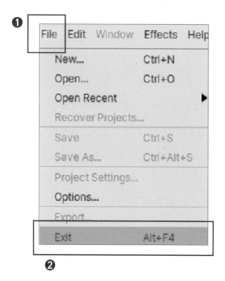
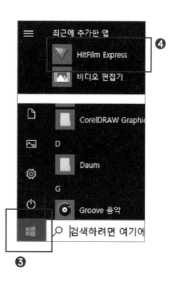

히트필름 익스프레이스가 처음 시작되는 화면에서는 그림처럼 학습 튜터리얼과 메뉴가 나타난다. 튜터리얼은 기본기를 익힌 후 참고하기 바란다. 이제 새로운 프로젝트를 생성하고 설정하는 방법에 대해 알아본다.

3.2 히트필름 익스프레스 사용하기

3.2.1 프로젝트 생성하기

하나의 새로운 작업을 시작하기 위해서는 프로젝트라는 것을 생성해야 한다. 그리고 생성된 프로젝트에서는 다양한 방법과 기능을 통해 프로젝트를 완성하게 된다. 이제 새로운 작업을 하기 위한 프로젝트를 생성하기 위해 상단 [File] 메뉴에서 [New]를 선택하거나 좌측 상단의 [New] 버튼을 클릭한다.

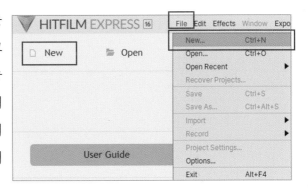

새로운 프로젝트 설정창이 열리면 템플릿Template을 1080p Full HD @ 30 fps로 선택한 후 [OK] 버튼을 클릭하여 프로젝트를 생성한다.

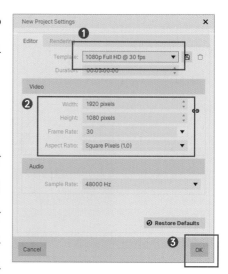

- 1080p Full HD @ 30 fps는 유튜브를 비롯한 가장 일반적으로 사용되는 동영상 규격으로 가로와 세로의 크기가 1920x1080, 초당 프레임 개수를 30개 사용한다. 본 학습은 유튜브를 위한 것이므로 방금 설정된 규격을 사용할 것이지만, 여러분들이 원하는 규격이 있다면 그 규격으로 설정하면 된다. 참고로 1920x1080는 가로 비율을 반올림하여 2K라고도 한다.

3.2.2 인터페이스 살펴보기

히트필름을 보다 쉽게 학습하기 위해서는 히트필름의 인터페이스 정의와 각 기능의 명칭 그리고 주요 기능의 역할에 대해 숙지하고 있어야 한다. 참고로 히트필름의 메뉴는 다른 프로그램과는 다르게 상단의 몇몇 주요 메뉴를 제외한 나머지 메뉴기능들은 단축키를 통한 메뉴들로 구성되어 있어 메인 화면에서는 보이지 않는다.

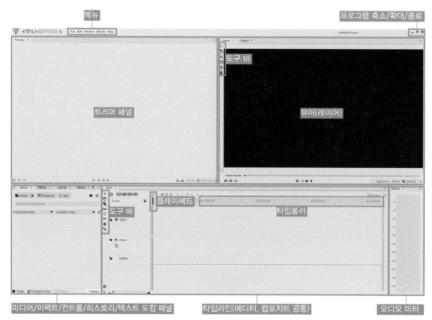

● 업데이트된 버전에 따라 약간의 변화가 생길 수 있다.

1. 메뉴(File): 파일File 메뉴에서는 새로운 프로젝트 생성, 프로젝트 파일 가져오기, 저장하기, 작업 환경을 설정할 수 있는 옵션과 프로그램을 종료할 수 있는 Exit 메뉴 그리고 에디트Edit 메뉴에서는 작업 취소/복귀, 자르기, 복사하기, 붙여넣기, 지우기 등과 같은 편집 작업을 위한 메뉴를 사용할 수 있으며, 뷰View 메뉴에서는 각 작업 스크린과 패널로 이동되는 메뉴와 작업 레이아웃을 선택하는 메뉴들을 사용할 수 있다.

2. 프로그램 축소/확대/종료: 나열된 각 작업 버튼의 순서대로 [_] 버튼은 작업 중인 프로그램을 최소화할 수 있으며, [ロ] 버튼은 최대로 확대할 수 있다. 그리고 마지막 [X] 버튼을 클릭하면 프로그램이 종료된다.

3. 트리머 패널(Trimmer): 트리머 패널에서는 주로 비디오오디오 파일의 필요한 부분만 발췌장면의 인/아웃 포인트 편집하여 타임라인에 적용하는 어셈블 편집Assemble Editing을 위해 사용된다. 필요에 따라 최종적으로 사용될 장면을 세부 편집한 후 타임라인에 적용할 수도 있다.

4. 뷰어(Viewer): 뷰어는 타임라인을 통해 편집되는 장면을 실시간으로 볼 수 있는 곳으로 실제 편집 작업이 이뤄지는 모습을 볼 수 있으며, 장면 이동, 크기 조절, 회전 등과 같은 작업을 할 수 있음으로 편집 작업에서 가장 중요한 역할을 한다. 또한, 뷰어는 레이어Layer로도 전환하여 사용할 수 있는데, 레이어는 컴포지트 전체가 아닌 개별 레이어에 대한 모션 트래킹 작업을 할 때 사용된다.

5. 도구 바Tools Bar : 히트필름에서의 도구 바는 뷰어레이어와 타임라인에디터/컴포지트 패널 두 곳에서 제공된다. 도구 바는 편집 작업을 할 때 가장 많이 사용되는 작업 도구들을 한 곳에 모아 놓은 곳으로 뷰어에서는 장면이미지를 이동, 회전, 크기 조절과 같은 작업과 글자자막, 마스크 생성 등에 사용되는 도구들을 제공하며, 타임라인에디터/컴포지트에서는 클립레이어의 선택, 이동, 자르기, 속도 조절하기 등과 같은 비디오 편집 작업을 위한 도구들을 제공한다.

6. 미디어/이펙트/컨트롤/히스토리/텍스트 도킹 패널: 작업을 위한 미디어 파일을 가져와 관리하는 미디어, 효과 적용을 위한 이펙트, 적용된 이펙트 및 설정을 위한 컨트롤, 작업 취소/복귀를 위한 히스토리, 자막 제작을 위한 텍스트 패널이 한 곳에 도킹되어 있는 공간이며, 그밖에 작업 패널을 도킹하거나 불필요한 패널은 이곳에서 분리할 수도 있다.

7. 타임라인(Timeline): 가져온 미디어 파일을 적용하여 비디오 편집을 하거나 합성, 이펙트, 모션 작업 등과 같은 실제 작업을 위한 공간으로 히트필름에서의 대부분의 작업이 이곳에서 이루어진다.

8. **플레이헤드**(Playhead): 플레이헤드는 타임라인의 작업 시간, 즉 편집을 위한 장면으로 간편하게 이동_{좌우로 드래그}할 수 있게 해주는 기능으로 플레이헤드가 이동되는 지점은 뷰어_{레이어 뷰어}를 통해 볼 수 있으며, 시간은 타임 디스플레이_{타임코드}를 통해 확인할 수 있다.

9. **타임룰러**(시간자): 시간 단위를 표시해 놓은 곳으로 작업 시간을 확인할 수 있다. 시간 단위는 기본적으로 시간 : 분 : 초 : 프레임으로 나눠지며, 타임 디스플레이에서 현재 시간_{플레이헤드가 위치한 곳}을 확인할 수 있다.

10. **오디오 미터**(Meters): 작업에 사용되는 오디오 클립의 마스터 볼륨 및 밸런스 등 오디오에 대한 정보를 표시한다.

- 하나의 프로그램을 이해하는 가장 빠른 방법은 해당 프로그램을 실행하여 프로그램이 어떻게 작동되는지 여러 기능을 한 번 둘러보고 직접 사용해 보는 것이다. 이렇게 오버뷰(Overview)를 하고 나면 프로그램의 각 부분에 대한 세부적인 내용을 배울 때에도 기능들이 어떻게 사용되고, 어느 상황에 사용해야 하는지 이해하는 데 많은 도움이 된다.

3.2.3 작업을 위한 동영상 파일 가져오기

1. 비디오 클립 가져오기

이제 앞서 생성한 프로젝트, 즉 편집 작업을 위해 사용되는 파일_{동영상, 이미지, 오디오}을 가져오기 위해 좌측 하단의 미디어_{Media} 패널에서 [Import]의 [▶] 버튼을 클릭한 후 나타나는 메뉴에서 [Media]를 선택한다.

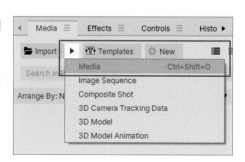

Import 버튼을 클릭해도 Media 메뉴과 같이 임포트_{Import} 창이 열린다.

임포트 창이 열리면 [학습자료] - [동영상] 폴더에 있는 파일 중 [MVI_7094] ~ [MVI_7195] 파일까지 [Ctrl] 키를 누른 상태로 복수 선택하여 가져온다.

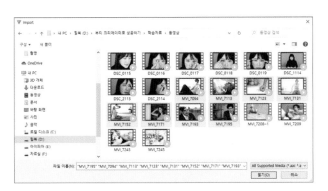

임포팅 된비디오
클립들이 프로젝
트 패널에 적용
된 모습

2. 이미지 시퀀스 파일 가져오기

이번에는 이미지 이름 뒤에 번호가 붙은 시퀀스
형식의 이미지 파일을 가져오는 방법에 대해 알
아보기 위해 [Import] - [Image Sequence] 메뉴
를 선택한다.

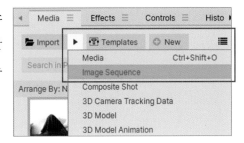

임포트 이미지 시퀀스 창이 열리면 2개의 폴더가 있는데, 이번에는 [Time lapse] 폴더로 들어

간 후 번호가 붙은 첫 번째 파일을 선택한 후
[열기] 버튼을 클릭하여 폴더 안에 있는 번호
가 붙은 이미지를 모두 가져온다. 그러면 스틸
이미지_{일반적으로 하나로 사용하는 이미지}와는 다르게
동영상 파일처럼 적용되는 것을 알 수 있다.

알아두기

시퀀스 파일이란 무엇인가요?

시퀀스는 각각 개별로 촬영되거나 만들어진 낱장의 이미지 파일에 번호가 붙은 형식으로 하나의 이미지 파일만 가져올 때와는 다르게 번호 순으로 합쳐진 형태로 가져와 동영상 파일처럼 사용하기 위한 방식이다. 일반적으로 타임랩스(인터벌 촬영)로 촬영해서 얻어진 이미지나 3D 툴과 같은 애니메이션 툴에서 제작된 결과물을 히트필름과 같은 합성 툴에서 사용할 때 유용하다. 참고로 앞서 가져온 Time lapse 폴더 안에는 그림처럼 00~89까지 번호가 붙은 낱장의 이미지 파일들이 있다.

Sunset_000000	Sunset_000001	Sunset_000002	Sunset_000003	Sunset_000004
Sunset_000005	Sunset_000006	Sunset_000007	Sunset_000008	Sunset_000009
Sunset_000010	Sunset_000011	Sunset_000012	Sunset_000013	Sunset_000014
Sunset_000015	Sunset_000016	Sunset_000017	Sunset_000018	Sunset_000019
Sunset_000020	Sunset_000021	Sunset_000022	Sunset_000023	Sunset_000024
Sunset_000025	Sunset_000026	Sunset_000027	Sunset_000028	Sunset_000029
Sunset_000030	Sunset_000031	Sunset_000032	Sunset_000033	Sunset_000034
Sunset_000035	Sunset_000036	Sunset_000037	Sunset_000038	Sunset_000039
Sunset_000040	Sunset_000041	Sunset_000042	Sunset_000043	Sunset_000044
Sunset_000045	Sunset_000046	Sunset_000047	Sunset_000048	Sunset_000049
Sunset_000050	Sunset_000051	Sunset_000052	Sunset_000053	Sunset_000054
Sunset_000055	Sunset_000056	Sunset_000057	Sunset_000058	Sunset_000059
Sunset_000060	Sunset_000061	Sunset_000062	Sunset_000063	Sunset_000064
Sunset_000065	Sunset_000066	Sunset_000067	Sunset_000068	Sunset_000069
Sunset_000070	Sunset_000071	Sunset_000072	Sunset_000073	Sunset_000074
Sunset_000075	Sunset_000076	Sunset_000077	Sunset_000078	Sunset_000079
Sunset_000080	Sunset_000081	Sunset_000082	Sunset_000083	Sunset_000084
Sunset_000085	Sunset_000086	Sunset_000087	Sunset_000088	Sunset_000089

시퀀스 파일을 확인해 보기 위해 트리머Trimmer 패널 하단의 [플레이헤드]를 좌우로 드래그스크러빙하면 선택된 Time lapse 시퀀스 클립의 일몰 장면이 동영상으로 보인다.

프리뷰

3.2.4 작업 인터페이스 설정하기

히트필름의 인터페이스, 즉 작업 레이아 웃은 작업 패널의 이동 핸들을 이용하여 특정 패널을 다른 패널로 옮겨 도킹 할 수 있으며, 독립적인 상태로 떼어서 사 용할 수도 있다. 또한, 패널 크기 조절 스 플리터를 드래그하여 각 패널의 크기를 작 업 상황에 맞게 조절할 수 있다.

사용자 레이아웃 설정을 했다면 이제 설정된 레이아웃을 등록하기 위해 [Window] - [Workspaces] - [Save Workspace] 메뉴를 선택한 후 새로운 워크스페이스 창이 열리면 적당한 이름 나의 워크스페이스 01 을 입력한 후 적용한다.

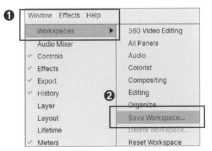

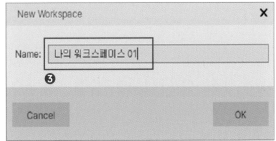

확인을 위해 다시 뷰 메뉴의 [Workspaces] 메뉴를 보면 맨 아래쪽에 방금 등록한 워크스페이스가 적용 된 것을 알 수 있다. 참고로 이외의 워크스페이스는 각 작업에 맞게 사전 설정된 것으로 선택하는 것만으 로 쉽게 해당 레이아웃으로 전환할 수 있다.

여기에서는 다시 초기 상태로 되돌려 주기 위해 [Reset Workspace] 메뉴를 선택한다.

작업 중 작업 패널이 흩어졌거나 원하는 작업 패널이 사라졌다면 방금 살펴본 워크스페이스 메뉴를 사용해도 되지만, 특정 작업 패널만 열어 주고자 한다면 뷰 메뉴의 [Window] 메뉴에서 원하는 패널을 선택_{체크}하면 된다.

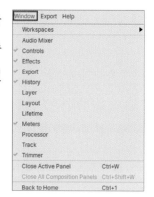

3.2.5 장면을 찾기(보기) 위한 재생법

편집 작업을 하기 위해서는 동영상의 장면을 보거나 오디오의 소리를 들어야 한다. 히트필름에서는 플레이헤드, 단축키, 재생 버튼을 이용하여 원하는 장면의 구간으로 이동할 수 있다. 살펴보기 위해 먼저 앞서 미디어 패널로 가져온 클립 중 [여바라 01]을 클릭 & 드래그하여 그림처럼 우측 에디터_{Editor} 패널의 Video 1 트랙으로 갖다 놓는다. 그러면 동영상은 비디오, 오디오는 오디오 트랙에 적용된다.

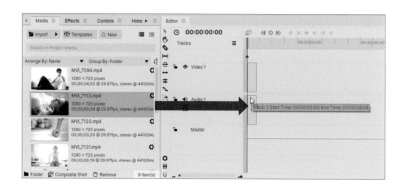

알아두기

코덱(Codec)에 대하여

코덱(Codec)은 비디오, 오디오, 이미지 파일에 대한 압축 및 압축 해제, 즉 인코딩(Encoding)과 디코딩(Decoding)을 위한 기술을 말하는데, 대표적으로 동영상은 H264 이미지는 PNG, JPE 오디오는 MP3가 여기에 해당된다. 만약 작업에 사용되는 비디오 클립이 제대로 보이지 않는다면 히트필름에서 지원되지 않는 코덱의 비디오 클립이기 때문에 해당 코덱을 찾아 설치해야 한다. 비디오 클립의 코덱을 확인하기 위해 해당 비디오 클립 위에서 [우측 마우스 버튼] - [Properties] 메뉴를 선택하여 속성창을 열어보면 선택된 비디오 클립의 코덱 정보를 알 수 있다. 코덱은 구글, 네이버, 다음 등에서 검색하여 쉽게 찾아 설치할 수 있다.

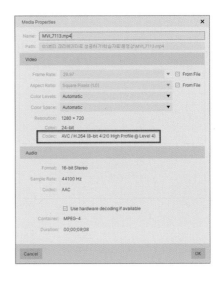

방금 적용된 비디오 클립이 현재 프로젝트 규격과 다르다면 그림처럼 적용되는 비디오 클립의 규격에 프로젝트 규격을 맞출 것인지, 프로젝트 규격을 그대로 보존할 것인지에 대한 메시지가 나타난다. 여기에서는 [No] 버튼을 눌러 프로젝트 규격을 그대로 사용하기로 한다.

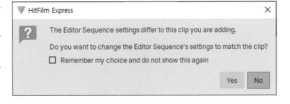

그러면 프로젝트 규격|1920x1280|은 보존되
고 프로젝트보다 작은 비디오 클립|1280x720|
이 그대로 적용된 것을 알 수 있다.

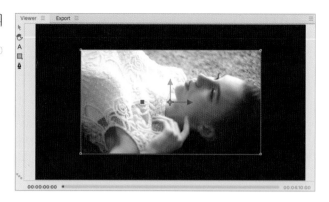

먼저 비디오 클립의 크기를 프로젝트 규격에 맞춰 주기 위해 [Increment Scale] 버튼을 클릭하여

작업하기 좋게 확대를 해주고 비디오 클립 위에서
[오른쪽 마우스 버튼] - [Transform] - [Fit To Frame]
메뉴를 선택한다.

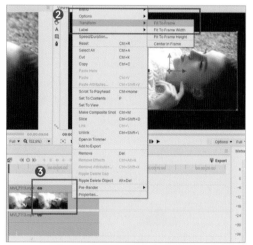

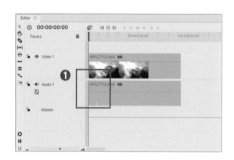

그러면 작았던 비디오 클립이 현재 프로젝트 규격에 맞춰진다.

- 비디오 클립의 크기(위치, 회전)는 뷰어(Viewer) 에서 클립의 화면 모서리를 통해 직접 설정 할 수도 있다.

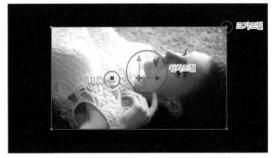

이제 다양한 재생법에 대해 알아보자. 뷰어Viewer 하단 가운데 부분에 4개의 버튼이 있는데, 이 버튼 바를 트랜스포트 컨트롤이라고 한다. 즉 플레이헤드를 이동하기 위한 버튼들이라고 이해하면 된다. 여기에서 세 번째의 [재생Plya/Pause] 버튼을 클릭한다. 그러면 타임라인의 플레이헤드가 우측으로 이동하며, 적용된 클립의 모습이 동영상으로 보이게 된다.

- 재생 정지를 하기 위해서는 다시 이 재생 버튼을 클릭하면 된다.

또 하나의 재생법은 타임라인 상단 시간자 부분에 있는 [플레이헤드]를 좌우로 이동스크러빙하여 장면을 확인하는 것이다. 이 방법은 작업 시 가장 즐겨 사용되는 방법이지만 정상적인 속도로 재생할 수는 없다.

일반적인 재생은 재생 버튼보다는 단축키인 [스페이스바]를 사용하며, 정방향 또는 역방향으로 재생하거나 각 방향을 배속으로 재생하기 위해서는 [J], [K], [L] 키를 사용한다.

재생/정지 역재생 정지 정재생

재생 시 특정 장면, 즉 프레임 단위로 세부 편집을 하기 위해서 한 프레임씩 이동하는 [Previews Frame]과 [Next Frame] 버튼을 이용하면 된다.

한 프레임씩 단축키 [,]와 [.]를 이용하는 것이 훨씬 더 효율적이다.

한 프레임 앞   한 프레임 뒤

3.2.6 비디오 편집하기

1. **불필요한 장면 컷(트리밍) 편집하기**

히트필름에서의 표준 컷 편집은 프리머 패널에서 이루어지지만 필자의 경우엔 타임라인에서 직접 하는 것을 선호한다. 그 이유는 컷 편집과 세부 편집을 동시에 할 수 있어 작업 시간을 단축할 수 있기 때문이다. 방금 적용된 비디오 클립의 시작점을 기준으로 컷 편집을 하기 위해 마우스 커서를 비디오 클립의 시작점으로 이동한 후, 클릭 & 오른쪽으로 드래그하여 원하는 장면만큼 잘라 준다.

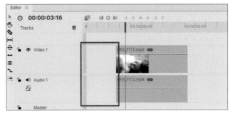

그러면 잘려진 만큼 공간이 생겨난다. 즉 앞쪽 장면이 이동된 구간만큼 컷 편집된 것이다. 이 때 오디오 클립도 같이 컷 편집된다.

- 컷 편집된 구간(장면)은 다시 끌어서 원래 상태로 되돌려 줄 수도 있다.

끝점에 대한 컷 편집은 시작점과 마찬가지로 편집하고자 하는 비디오 클립의 끝점에 마우스 커서를 갖다 놓고 클릭 & 왼쪽으로 드래그하여 원하는 장면만큼 잘라 주면 된다.

- 컷 편집 후 또다른 클립을 편집하고자 한다면 편집된 뒤쪽 트랙에 갖다 놓고 같은 방법으로 편집하면 된다.

2. 또 다른 트랙 사용하기

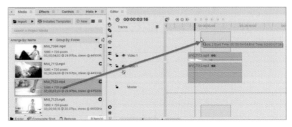

히트필름에서의 트랙은 무한대로 사용할 수 있는데 비디오Video에는 비디오와 이미지 클립, 오디오Audio에는 오디오 클립을 적용할 수 있다. 이번에는 또 다른 비디오 클립을 앞서 적용한 비디오 클립 위쪽 빈 트랙에 갖다 놓는다. 그러면 새로운 비디오 2번 트랙이 생성되면서 적용된다.

알아두기

트랙 추가/삭제하기

새로운 트랙을 추가하는 또 다른 방법은 트랙 리스트에서 [우측 마우스 버튼] - [Insert Track] 메뉴를 선택하는 것이다. 반대로 불필요한 트랙은 [Delete Track] 메뉴를 통해 삭제할 수 있다.

방금 적용된 클립을 뷰어에서 보면 그림처럼 작은 화면으로 적용되는 것을 알 수 있다. 이처럼 위쪽 트랙을 사용하면 아래쪽 트랙과 자연스럽게 PIP 장면을 연출할 수 있는데 원하는 개수만큼 위쪽에 트랙을 만들어 멀티 PIP를 연출할 수도 있다.

알아두기

영상 편집의 세 가지 요소

편집(Editing)이란 촬영된 영상 소스들을 기획된 의도(주제)와 영상 문법에 맞게 구성하는 작업이다. 편집의 구성은 일반적으로 영상과 오디오, 자막 등을 스토리텔링(콘티)에 맞게 자르고 붙이고 이어나가면 된다. 여기에서 가장 중요한 것은 각각의 장면들을 리듬감 있고 자연스럽게 연결해야 한다는 것이다. 이와 같은 편집 과정은 장면의 배치(Arrangement of Scene), 장면의 타이밍(Timing of Scene), 장면의 변환(Transitional of Scene) 세 가지 요소를 가지고 있다. 이 세 가지 요소는 완성도 높은 작품을 만드는 데 매우 중요하므로 아래에서 설명하는 세 가지 요소를 잘 참고하여 보다 세련되고 감각적인 작품을 만들기 바란다.

장면의 배치 영상과 오디오의 배치는 서로 대조적인 장면들을 하나의 트랙 또는 그 이상의 트랙에 연결해야 하는데, 연결되는 순서는 시청자에게 제작된 의도를 쉽게 전달될 수 있도록 하는 것이 중요하다. 잘 배치된 장면은 중간 과정을 보여 주지 않아도 그 과정을 예상할 수 있는 마법과 같은 결과를 보여 주며, 이런 배치에 따라 하나의 원본 소스들로도 여러 가지의 결과물을 표현할 수 있다. 장면의 타이밍 배치 과정은 제작 의도를 시청자에게 어떻게 전달할 것인지에 대한 요소라면, 장면의 타이밍은 전달되는 과정에서의 각 장면들을 어떤 위치와 시간(속도) 동안 보여줄 것인지에 대한 좀 더 구체화된 작업이다. 이 과정에서는 왜 이 장면이 이 타이밍에서 보여 줄 수밖에 없었는지에 대한 동기부여를 보여 주어야만 시청자에 반향을 할 수 있다.

장면의 전환 장면의 전환은 하나의 장면에서 다른 장면으로 넘어갈 때에 사용되는 효과로써 어떠한 전환(트랜지션) 효과를 사용하느냐에 따라 전혀 다른 느낌이 들기 때문에 적절한 효과를 사용할 때만이 시청자의 시선을 사로잡을 수 있다. 장면의 전환에서 가장 많이 사용되는 효과로는 자연스럽게 장면이 전환되는 디졸브(Dissolve)가 있으며 그밖에 다이내믹한 움직임을 보여 줌으로써 시청자의 시선을 끌도록 유도하는 와이프, 페이지 턴, 푸시, 슬라이드, 스플릿 등의 효과들이 있다. 물론 이러한 장면 전환 효과들은 장면이 바뀔 때에 시선을 끌 수는 있지만 불필요하게 사용되는 효과는 오히려 시청자에게 불편함을 주기 때문에 단순히 컷만으로 연결된 장면보다도 못한 결과를 초래하기도 한다.

3. 클립 선택 및 이동하기

편집에서 가장 기본이 되는 것은 바로 클립을 선택하고, 복사, 이동, 삭제, 붙여넣기 하는 것이다. 먼저 선택에 대해 알아보자. 클립을 선택한다는 것은 선택된 클립을 원하는 위치로 이동, 복사, 삭제 등의 작업을 위해서이다. 클립의 선택은 처음부터 기본적으로 선택되어 있는 선택 도구Selection tool를 이용한다. 살펴보기 위해 앞서 비디오 2 트랙에 적용된 클립을 클릭안쪽 부분한다. 그러면 선택된 클립은 주황색링크된 클립인 오디오 클립 포함으로 표시된다.

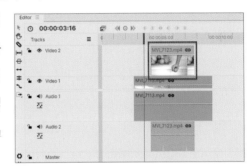

● **선택되지 않은 클립은 파란색으로 표시된다.**

계속해서 선택된 클립을 그림처럼 우측으로 드래그, 즉 이동한다. 드래그하다 보면 다른 클립의 시작점In Point과 끝점Out Point이 이동되는 클립의 시작점 혹은 끝점과 맞닿았을 때 스냅 이벤트가 작동되어 해당 지점에 정확하게 맞춰지게 된다. 또한, 이동된 거리는 클립 하단에 표시되어 얼마큼 이동되었는지 알 수 있게 해준다.

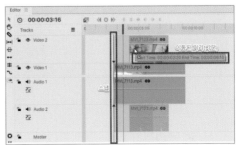

알아두기

스냅 온/오프하기

정확한 이벤트 부분에 맞춰 주기 위한 스냅은 타임라인 좌측 하단의 구부러진 주황색 자석 모양을 띠고 있다. 만약 스냅을 사용하지 않고자 한다면 스냅 [Snapping] 버튼을 클릭하여 꺼주면 되는데 스냅이 꺼지면 편집 점에 맞춰지지 않는다.

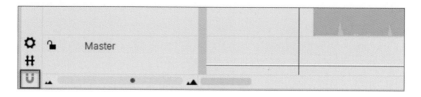

4. 클립 복사 및 붙여놓기

이번에는 클립을 복제복사하는 방법을 알아보자. 클립의 복제는 타임라인의 클립이나 미디어 패널에 있는 클립들이 모두 동일하다. 앞서 이동한 클립을 복제해 보기 위해 해당 클립을 선택한 후 [Ctrl] + [C] 키를 눌러 복사한다.

복사된 클립을 붙여넣기 하기 위해 플레이헤드를 붙여넣기 할 지점으로 이동한 후 [Ctrl] + [V] 키를 누른다. 그러면 해당 시간의 Video 2 트랙에 붙여넣기링크된 오디오 클립도 포함된다.

 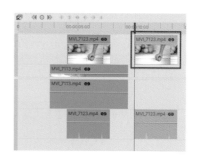

● 복사는 [Ctrl] + [C], 붙여넣기는 [Ctrl] + [V]이다. 가장 많이 사용되는 단축키이므로 기억해 두자.

5. 클립 삭제하기

클립을 삭제한다는 것은 불필요한 클립을 버리기 위함이다. 삭제하는 방법은 삭제하고자 하는 클립을 선택한 후 [Delete] 키를 누르면 된다. 그러면 삭제된 클립이 있던 자리는 비어 있는 상태로 유지된다.

그렇지만 만약 삭제된 클립의 구간만큼 뒤쪽 클립들이 이동하여 지워진 클립의 자리를 채워주고자 한다면 [Alt] + [Delete] 키를 이용하여 삭제하면 된다. 살펴보기 위해 언두Ctrl + z를 한 후 [Alt] + [Delete] 키를 이용하여 삭제해 본다.

알아두기

작업 취소/복귀하기

작업 후 작업이 잘못되었을 때에는 언두(Undo), 다시 원래 작업 구간으로 복귀할 때에는 리두(Redo)를 할 수 있는데, 이 두 작업은 단축키 [Ctrl] + [Z]와 [Ctrl] + [Y]를 이용한다.

Ctrl + z   Ctrl + y

언두(작업 취소하기)   리두(작업 복귀하기)

또한, 히스토리(History) 탭에서는 언두/리두와 같은 목적으로 사용하지만 대체로 원하는 작업 구간을 한꺼번에 이동하고자 할 때 사용된다.

다음 삭제 방법을 위해 다시 언두를 한 번 실행하여 원래대로 되돌려 놓는다 이번에는 트랙의 빈 곳[갭]을 삭제하기 위해 그림처럼 비디오 1 트랙의 빈 곳에서 [우측 마우스 버튼] - [Ripple Delete Gap] 메뉴를 선택한다. 그러면 그림처럼 트랙의 빈 곳을 뒤쪽 클립들이 이동하여 메꿔 준다. 살펴본 것처럼 삭제 방법은 클립 및 공간에 대한 삭제 방법을 사용한다.

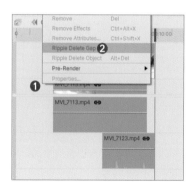
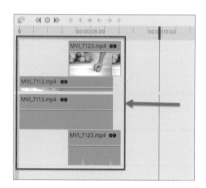

6. 비디오/오디오 클립 분리하여 삭제하기

비디오와 오디오가 하나로 된 클립 중 비디오 또는 오디오 클립만 삭제하고자 한다면 먼저 두 클립을 분리해야 한다. 비디오와 오디오를 분리하기 위해 해당 클립에서 [우측 마우스 버튼] - [Unlink] 메뉴를 선택한다. 그다음 빈 곳을 클릭하여 선택된 클립을 해제하였다가 삭제하고자 하는 클립, 이번엔 비디오 클립을 선택한 후 [Delete] 키를 누른다.

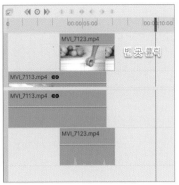

그러면 비디오와 오디오가 분리되었기 때문에 선택된 비디오 클립만 삭제된다. 이와 같은 작업은 비디오와 오디오 중 문제가 있는 클립을 삭제하거나 오디오 클립을 반복 사용할 때 유용하다.

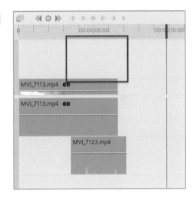

분리된 비디오와 오디오 클립을 다시 합쳐 주기 위해서는 합쳐 주고자 하는 비디오/오디오 클립을 모두 선택한 후 [우측 마우스 버튼] - [Link] 메뉴를 선택하면 된다.

7. 비디오 클립(장면) 투명하게 하기

비디오 클립의 투명도를 조절하면 위쪽과 아래쪽 장면이 모두 나타나도록 할 수 있다. 살펴보기 위해 언두Ctrl + Z를 두 번 실행하여 앞서 삭제했던 비디오 클립을 되살려 놓고 오디오 클립과 링크된 상태로 해준다. 두 클립이 다시 링크되면 그림의 화살표 표시처럼 체인 모양의 아이콘이 나타난다.

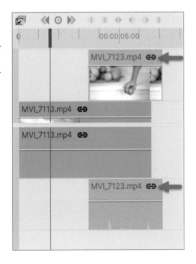

위쪽 비디오 클립을 왼쪽으로 이동한 후 플레이헤더를 위/아래 비디오 클립의 모습이 모두 보이는 장면으로 이동한다. 그다음 위쪽 비디오 클립의 하얀색 수평선(투명도 조절선)을 아래로 내린다. 그러면 내려오는 만큼 투명해져 아래쪽 비디오 클립의 모습과 오버랩되어 나타난다.

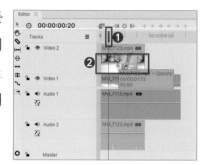

이번엔 구간별 투명도를 조절하기 위해 [Ctrl] 키를 누른 상태에서 그림처럼 투명도 조절선을 클릭하여 네 개의 조절 포인트를 만든다. 그다음 조절 포인트를 위/아래로 조절해 본다. 이와 같은 방법으로 구간별로 투명도를 조절할 수 있다.

알아두기

페이드 인/아웃(Fade in/out)에 대하여

페이드 인/아웃은 비디오 및 오디오가 시작되고 끝날 때 장면과 소리를 아무것도 없는(들이지 않는) 상태에서 시작하고 끝나는 것을 말하는데, 시작될 때를 페이드 인(Fade In), 끝날 때를 페이드 아웃(Fade Out)이라고 한다. 방금 살펴본 투명도 조절 포인트를 이용하여 페이드 인/아웃되는 장면을 쉽게 만들 수 있다.

페이드 인　　　　　　　　　　　　　　　페이드 아웃

8. 비디오 모션 작업하기

모션은 말 그대로 움직임을 주는 것, 즉 화면이 상하좌우 커지거나 작아지
고, 회전하는 등의 움직임을 말한다. 이것을 애니메이션이라고도 하며, 모션
은 화면이 있는 비디오, 이미지 클립에서만 사용할 수 있다. 학습을 하기 위
해 [학습자료] - [프로젝트] - [슬라이딩되는 장면] 프로젝트 파일을 더블클릭
하거나 프로그램이 열려 있다면 [File] - [Open] 메뉴를 선택하여 열어 준다.

슬라이딩되는 장
면

 알아두기

깨진 클립(파일) 다시 연결하기

작업을 하다 보면 사용되는 파일의 경로가 바뀌거나 이름이 바뀌었을 때 혹은 부주의로 사용 중인

파일을 삭제하면 해당 클립엔 [!]
경고 표시, 뷰어에는 빨간색 배
경의 [Offline Media] 경고 표시
가 나타나게 된다. 슬라이딩되
는 장면 프로젝트로 필자가 사
용한 경로와 독자분들이 사용한
경로가 다르기 때문에 이와 같
은 경고가 나타날 것이다.

뷰어의 경고 표시

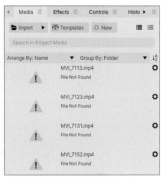
클립의 경고 표시

이처럼 경로의 문제가 발생된 프로젝트 파일을 열게 되면
[Relink Flies] 창이 열리는데, 문제를 해결하기 위해서는 문
제의 경로(파일)를 [더블클릭]하여 Choose a file to relink
창에서 문제의 파일을 찾아 가져오면 된다. 이때 같은 경로
에 있는 파일들은 자동으로 연결된다.

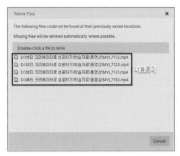
리링크 창

리링크에 대한 내용은 유튜브 [똥손 클래스]의 [히트필름] 강좌의 [리링크 활용하기] 동영상을 참고
하면 보다 쉽게 활용할 수 있다.

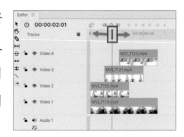

열린 [슬라이딩되는 장면] 프로젝트를 보면 4개의 비디오 클립(오디오는 분리한 상태)이 4개의 트랙에 배치된 것을 알 수 있으며, 재생(스페이스바나 플레이헤드)을 해보면 비디오 2, 3 트랙의 비디오 클립이 왼쪽으로 슬라이딩되는 모션이 만들어진 상태라는 걸 알 수 있다.

프리

알아두기

트랙의 높이 조절하기

많은 트랙을 사용하면 타임라인 공간에서 한눈에 볼 수 없기 때문에 크랙의 크기를 작게 해야 하는 경우가 생긴다. 이럴 때는 [Track Option] 메뉴에서 Video(Audio) Size를 원하는 크기로 선택할 수 있다.

그런데 비디오 4 트랙의 비디오 클립이 있는 지점으로 오면 움직이지 않고 가운데에 그대로 멈춰 있는 것을 알 수 있다. 이제 이 비디오 클립은 우리가 직접 모션 작업을 해보도록 하자.

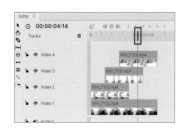 

이제 모션 작업을 하기 위해 플레이헤드를 이동하거나 [Page UP / DOWN] 키를 눌러 비디오 4 트랙의 비디오 클립 시작점으로 이동한다. 그다음 뷰어에서 비디오 클립의 위치를 작업 영역 오른쪽 밖으로 이동한 후 Control 패널에서 Transform의 Position에 있는 키프레임을 클릭한다.

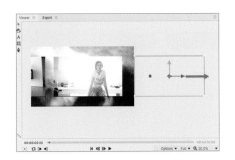 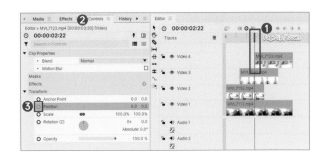

● 뷰어의 화면 크기는 마우스 가운데 버튼(휠 버튼)을 회전하여 조절할 수 있고, 마우스 오른쪽 버튼을 이용하여 작업 위치를 이동할 수 있다.

[Display Timeline] 버튼을 클릭하여 미니 타임라인을 열어 확대를 해보면 현재 시간의 Position에 노란색 키프레임이 생성된 것을 알 수 있다.

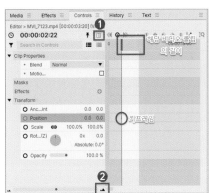

시간을 3초 뒤로 이동(이동되는 시간을 확인할 수 있음)한 후 비디오 클립의 위치를 왼쪽 작업 영역 밖으로 이동한다.

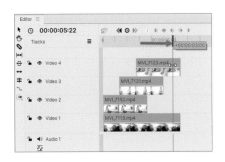 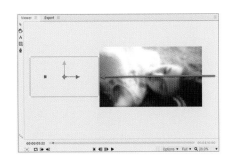

그러면 현재의 시간에 자동으로 키프레임이 생성되며, 다음과 같은 모션애니메이션이 만들어진다.

프리뷰

알아두기

모션(애니메이션)의 원리에 대하여

과거 셀 애니메이션(Cell Animation)에서는 캐릭터, 즉 사물의 움직임을 키프레임이 아닌 모든 프레임에서 일일이 그려서 변화를 주어야만 움직이는 애니메이션이 가능했었다. 하지만 컴퓨터 그래픽을 이용한 애니메이션 시대에서는 움직임의 변화가 시작되거나 끝나는 지점에서만 변화를 주면 나머지 구간은 자동으로 변화가 생기게 된다. 이것을 키프레임 애니메이션이라고 한다. 이러한 키프레임과 키프레임의 변수(서로 다른 값)는 두 키프레임 사이에서의 변화를 자동으로 표현해 주는데, 이러한 과정을 인터폴레이션(Interpolation) 또는 트위닝(Tweening)이라고 한다. 물론 이 두 말은 같은 뜻이지만 디지털 영역에서는 일반적으로 인터폴레이션이라고 부른다. 아래의 그래프를 보면 보다 쉽게 이해할 수 있을 것이다.

클립(객체)	A지점 ⸻⸻⸻⸻⸻⸻ B지점
키프레임	◈ ◈
시간	0:00 ⸻ 인터폴레이션(변화가 생기는) 구간 ⸻ 1:00

9. 장면 전환(트랜지션) 효과 사용하기

장면_{비디오 클립}과 장면이 바뀔 때의 모습을 표현하는 것을 트랜지션이라고 한다. 단순히 다이렉트로 바뀌는 장면이 심심하게 느껴진다면 상황에 맞는 다양한 변화를 주기 바란다. 살펴보기 위해 [학습자료] - [프로젝트] - [장면 전환되는 효과] 프로젝트 파일을 열어 준다. 확인해 보면 3개의 클립이 적용된 것을 알 수 있는데, 장면과 장면 사이에 어떠한 효과도 적용되지 않은 상태이다.

이제 장면과 장면 사이에 장면 효과를 적용하기 위해 Effects 패널로 이동한 후 Transitions - Video 폴더를 열고 Cross Dissolve 효과를 클릭 & 드래그하여 그림처럼 첫 번째 클립과 두 번째 클립 사이에 갖다 놓는다.

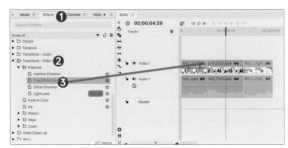

플레이헤드를 장면 전환 효과가 적용된 구간으로 가져가면 적용된 클로스 디졸브 효과가 표현되는 것을 알 수 있다.

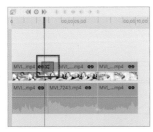

프리뷰

- 살펴본 것처럼 장면 전환 효과는 장면과 장면, 즉 클립과 클립 사이에 적용하여 장면이 바뀔 때의 변화를 줄 수 있으므로 적절하게 사용하기 바란다.

알아두기

장면 전환 효과 삭제하기

적용된 트랜지션 효과 중 불필요한 효과가 있다면 클릭하여 선택한 후 [Delete] 키를 눌러 삭제할
수 있다.

10. 비디오 이펙트 사용하기

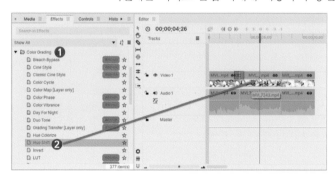

이번에는 비디오 클립 자체에 적용하여 장면_{화면}의 변화를 주는 비디오 이펙트에 대해 알아보
기로 한다. 학습을 위해 앞서 사용한 [장면 전환
되는 효과] 프로젝트를 그대로 사용한다. 비디오
효과는 트랜지션 효과보다 훨씬 다양한 효과들
을 제공한다. 여기에서는 Color Grading의 Hue
Shift 효과를 클릭 & 드래그하여 두 번째 비디오
클립 위에 갖다 놓는다.

적용된 효과를 설정하기 위한 Controls 패널이 자동으로 활성화되면 Hue Shift 옵션을 설정_{회전방식}해 본다. 그러면 장면의 색이 변하는 것을 알 수 있다. Hue Shift는 색에 대한 변화를
주는 효과이다.

효과가
적용된
모습

원본

- 비디오 효과는 여러 가지 효과를 하나의 클립에 중복하여 적용할 수 있고, 다양한 변화를 줄 수 있다.

- 비디오 효과에는 모자이크, 흐림(블러), 조명, 그런지, 크로마키 등의 다양한 효과들을 제공 하는데, 살펴보지 않은 효과들은 직접 적용해 보기 바란다.

알아두기

비디오 효과 삭제하기

불필요한 효과를 삭제하고자 한다면 컨트롤 패널의 이펙트에 서 삭제하고자 하는 효과에서 [우측 마우스 버튼] - [Remove] 메뉴 또는 [Delete] 키를 눌러 삭제할 수 있다.

3.2.7 오디오 편집하기

1. 오디오 볼륨 조절하기

촬영 시 소리가 너무 크거나 작게 녹음되었을 때나 그 밖에 여러 오디오를 사용할 때 특정 오디오의 볼륨을 조절할 때 등에서 필요한데, 오디오 볼륨은 비디오 클 립의 투명도 조절을 하는 것과 유사하다.

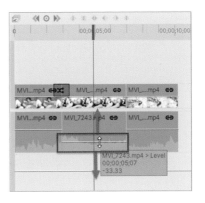

구간별 볼륨 조절 또한 [Ctrl] 키를 누른 상태에서 원하는 구간에 볼륨 조절 포인트를 생성하여 조절할 수 있다.

전체 오디오 트랙의 볼륨 조절은 마스터Master 트랙의 볼륨 조절선을 통해 설정할 수 있다.

2. 오디오 이펙트 적용하기

오디오 클립도 효과를 적용하여 다양한 변화를 줄 수 있다. 오디오 효과를 적용하는 방법 또한 비디오 효과와 동일한데, Audio 폴더에 있는 효과들 중 원하는 효과를 클릭 & 드래그하여 오디오 클립 위에 갖다 놓으면 된다.

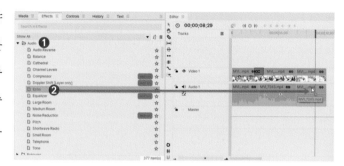

오디오 효과가 적용되면 역시 설정이 가능한 Controls 패널이 자동으로 활성화되기 때문에 원하는 소리를 들어가면서 설정할 수 있다.

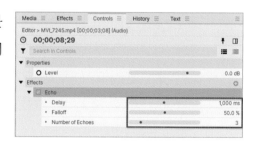

● 오디오 트랜지션 효과도 오디오 클립과 클립 사이에 적용하여 변화를 줄 수 있다.

알아두기

클립처럼 트랙을 위/아래로 이동하기

때에 따라서는 특정 트랙의 클립들을 모두 위 또는 아래쪽 트
랙으로 이동해야 할 경우가 있다. 이럴 때는 클립을 이동할 때
처럼 이동할 트랙을 클릭 & 위/아래로 드래그하여 이동할 수
있다. 트랙이 이동되면 해당 트랙에 있는 모든 클립들도 이동
된다.

3. 배경 음악(BGM) 적용하기

이번에는 배경 음악과 같은 오디오 클립을 외부에서 가져와 사용하는 방법에 대해 알아보자.
배경 음악은 자신이 원하는 음원을 가져와 사용할 수 있는데, 여기에서는 일단 학습자료에
있는 것을 사용해 보기로 하자. 미디어 패널에서 [Import] 버튼을 클릭한 후 [학습자료] - [오
디오] 폴더에서 [The day.wav] 오디오 파일을 임포트한다.

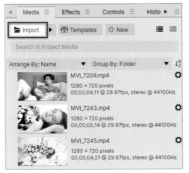

임포트된 오디오 클립을 타임라인 맨 아
래쪽 빈 트랙에 갖다 놓는다. 그러면 자
동으로 오디오 2트랙이 생성되어 적용된
다. 살펴본 것처럼 배경 음악은 외부에
서 가져와 쉽게 사용할 수 있다.

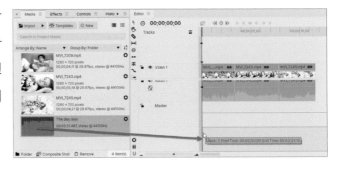

효과음 또한 외부에서 가져와 별도의 오디오
트랙의 원하는 장면 위치에 갖다 놓으면 된다.

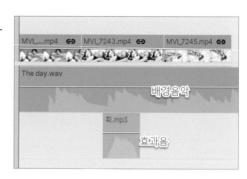

3.2.8 자막 편집하기

1. 자막 만들기(정지 자막)

자막_{타이틀}은 장면에 부가적인 설명과 정보를 전
달하기 위해 사용되며, 최근엔 영상의 심미적인
요소를 위해 사용되기도 한다. 예를 들어 출연자
의 얼굴이 빨개지는 장면이나 두꺼운 입술, 쫑긋
한 귀, 그밖에 코믹적이거나 감정을 전달하는 등
의 극적인 장면을 연출하기 위해서도 사용된다.
먼저 움직임이 없는 정지 자막을 만들어 보자.
자막이 적용될 위치로 플레이헤드를 이동한 후
뷰어 오른쪽에 있는 툴바에서 [A] 모양의 Text
툴을 선택한다. 그다음 자막이 입력될 영역을
클릭 & 드래그하여 만들어 준다.

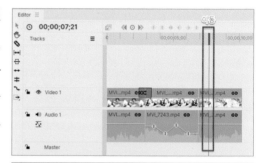

글자 입력 영역이 만들어지면 원하는 글자를 입력한다. 글자가 입력되면 타임라인 맨 위쪽에
는 자동으로 자막_{글자} 클립이 생성된다.

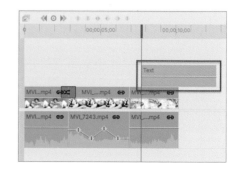

자막 클립의 길이는 기본적으로 5초에 길이를 가지고 있으며, 시작점과 끝점을 이동하여 길이를 조절할 수 있다.

입력된 글자의 크기, 글꼴, 색상 등을 설정하기 위해서는 먼저 설정하고자 하는 글자를 선택마우스 커서를 대고 긁어서 선택한 후 Text 패널에서 글꼴, 색상, 크기, 정렬 등을 설정하면 된다.

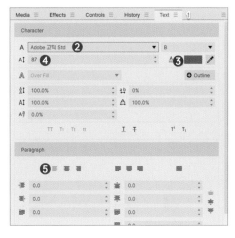

설정된 글자의 모습

2. 자막 만들기(모션 자막_크롤 자막)

이번에는 아래에서 위로, 오른쪽이나 왼쪽으로 흐르는 등의 움직이는 모션 자막을 만들어 보자. 모션 자막 또한 앞서 학습한 비디오 클립화면의 모션과 같은 방법으로 표현할 수 있다. 학습을 위해 [학습자료] - [프로젝트] - [크롤 자막] 프로젝트 파일을 열어 준다. 크롤 자막 프로젝트에서는 미리 입력된 자막이 화면 아래쪽에 배치되어 있고, 글꼴, 색상, 크기, 테두리가 적용된 상태이다.

뷰어를 축소_{마우스 가운데 버튼 회전}해 보면 수평으로 길게 입력된 자막인 것을 알 수 있다. 이제 이 긴 자막을 오른쪽에서 왼쪽으로 흐르는 모션 자막으로 만들어 보자.

시간을 모션 자막이 시작되는 시작 시간으로 이동한 후 Controls 패널의 Transfor에서 Position의 키프레임을 만들어 준다. 그다음 뷰어에서 자막을 오른쪽 화면 밖으로 이동한다.

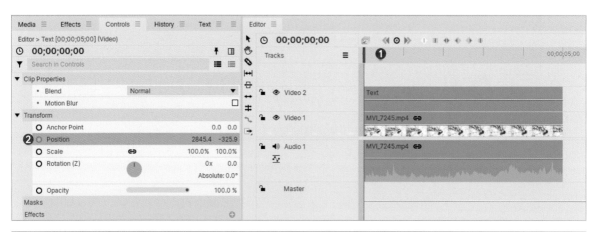

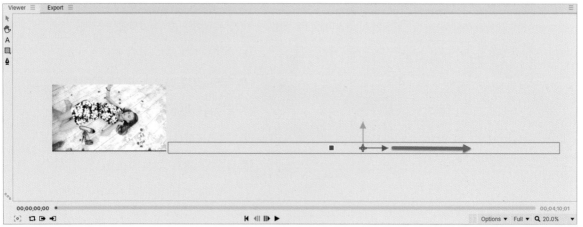

시간을 모션 자막의 움직임이 끝나는 시간으로 이동한 후 자막을 왼쪽 화면 밖으로 이동한다. 그러면 오른쪽에서 왼쪽으로 흐르는 크롤 자막이 완성된다.

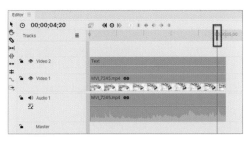

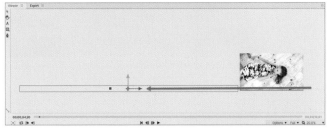

프리뷰

앞서 간단하게 크롤 자막을 만들어 보았다. 이번에는 자막에 배경을 만들어 보자. 배경을 만들기 위해 Media 패널로 이동한 후 [New] 메뉴에서 [Plane]을 선택한다.

● 플레인은 단일 색상의 매트를 만들 때 사용된다.

플레인 속성창이 열리면 원하는 배경 색상을 설정할 후 적당한 이름을 입력한 후 [OK] 버튼을 눌러 플레인 클립을 생성한다.

3. 똥손이 촬영한 영상도 금손 편집이 살린다 (187)

배경은 자막 아래쪽에 있어야 하므로 자막Text 클립을 클릭 & 위쪽으로 드래그하여 비어 있는 트랙으로 이동한다. 그러면 새로운 트랙이 생성된다.

위쪽 비디오 3트랙으로 이동된 빈비디오 2트랙에 앞서 만든 배경 플레인 클립을 갖다 놓는다.

뷰어에서 배경 플레인 클립의 모서리를 이용하여 그림과 같은 크기로 조절한 후 자막이 있는 곳으로 내려 준다.

자막 배경이 불투명하여 맨 아래쪽 화면이 완전히 가려지므로 배경 클립의 투명도 조절선을 아래로 내려서 반투명하게 해준다.

이번엔 자막 배경이 처음엔 투명하여 보이지 않았다가 자막이 화면이 들어올 때쯤 나타나도록 하기 위해 그림처럼 투명도 조절선에 2개의 조절 포인트를 생성한다. 그다음 첫 번째 조절 포인트를 아래로 내려서 처음에는 자막 배경이 보이지 않도록 해준다.

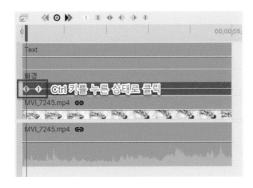

같은 방법으로 자막이 끝나는 지점도 2개의 조절 포인트를 생성한 후 자막 배경이 사라지도록 해준다.

3. 자막 만들기(모션 자막_크레딧 자막)

이번에는 프로그램이 끝날 때 사용하는 크레딧 자막을 만들어 보자. 크레딧 자막 또한 키프레임을 이용한 모션 자막으로 표현할 수 있다. 학습을 위해 [학습자료] - [프로젝트] - [크레딧 자막] 프로젝트 파일을 열어 준다. 이 프로젝트는 이미 아래에서 위로 흐르는 크레딧 자막이 완성된 상태이다.

크레딧 자막에 사용된 글자가 하얀색으로만 되어 있어 가독성이 떨어진다. 이제 테두리가 아
닌 그림자 효과를 적용하여 눈에 띄도록 해보자. Effects 패널에서 그림자 효과를 적용하기
위해 이번에는 검색 필드에서 찾아본다. [Shadow]라고 입력하여 그림자 효과를 찾아준 후 드
래그하여 자막 클립에 적용한다.

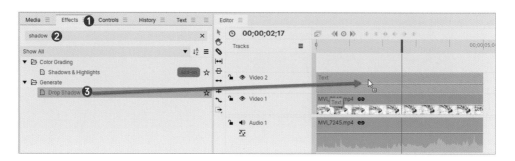

그러면 그림자 효과로 인해 글자 밑에 그림
자가 적용되어 입체적으로 표현되었다. 그림
자 색상, 위치, 투명도, 크기, 부드럽게 하기
등의 설정은 Controls 패널에서 하면 된다.

이제 크레딧 자막이 위로 올라갈 때 배경 화면의 크기와 위치에 변화를 주어 보자. 아래쪽
비디오 클립을 선택한 후 시간을 모션이 시작될 시간으로 이동한 후 Controls 패널의 Trans-
form에서 Position과 Scale에 키프레임을 생성한다.

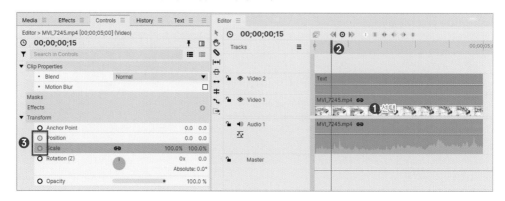

시간을 모션이 끝나는 시간 필자는 15프레임 사용했음 으로 이동한 후 크기와 위치를 그림처럼 설정하여 왼쪽으로 이동한다. 필자는 뷰어에서 직접 설정하였다.

크레딧 자막은 이펙트의 제너레이트 그룹에서도 사용할 수 있다.

작업한 내용을 확인해 보면 크레딧 자막이 위로 올라갈 때 배경 화면이 작아지면서 왼쪽으로 이동하는 방송에서 많이 보았던 크레딧 자막이 완성되었다.

프리뷰

알아두기

자막 입력 상자 크기 조정하기

자막을 입력할 수 있는 영역을 재조정하기 위해서는 [A] 모양의 텍스트 툴을 선택한 후 글자 입력 박스(영역) 오른쪽 하단의 작은 원을 통해 가능하다.

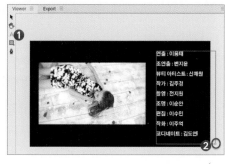

3. 똥손이 촬영한 영상도 금손 편집이 살린다　191

4. 포토샵 스타일을 활용한 자막 만들기

포토샵을 사용하지 못하는 초보자라도 포토샵 스타일만 사용하면 멋진 자막을 만들어 사용할 수 있다. 살펴보기 위해 포토샵을 실행한 후 [파일] - [열기] 메뉴를 선택하여 [학습자료] - [이미지] 폴더에서 [포토샵 스타일 자막] 파일을 열어 준다. 현재는 [스타일 자막 만들기]란 단순한 검정 글자이다.

이제 이 단순한 글자를 세련된 스타일 글자로 바꿔 보자. 스타일 패널로 이동한 후 아무 스타일이나 상관없으니 아무거나 하나 클릭해 본다. 그러면 선택된 스타일로 글자가 바뀌는 것을 알 수 있다.

- 필자는 별도의 스타일을 가져와 사용하고 있으므로 독자분들과는 다른 스타일 목록일 것이다. 만약 필자와 같은 다양한 스타일을 사용하고자 한다면 [유튜브 자막 디자인 걱정하지 말아요]란 도서를 참고하기 바란다.

스타일이 적용되었다면 이제 히트필름에서 사용하기 위해 [파일] - [다른 이름으로 저장] 메뉴를 선택하여 원하는 위치에 저장한다. 이때 파일 형식은 글자를 제외한 영역을 투명하게 사용하기 위해 PNG로 하자.

히트필름을 실행_{열려 있다면 히트필름으로 이동}한 후 [Import]를 통해 앞서 만든 스타일 자막을 저장되었던 경로_{폴더}에서 가져온다. 그다음 비디오 트랙에 적용한다. 그러면 포토샵에서 만든 스타일 자막이 표현되는 것을 알 수 있다.

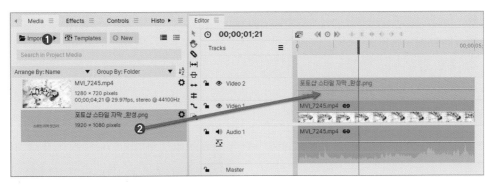

- 스타일 자막 또한 다른 비디오, 이미지 클립처럼 키프레임을 이용한 모션, 투명도에 대한 작업을 할 수 있다.

알아두기

슬로우 비디오 만들기

장면을 빠르게 보여 주는 슬로우 비디오나 반대로 빠르게 보여 주는 패스트 비디오는 다양한 장면에서 사용된다. 히트필름에서의 슬로우 비디오는 툴바의 [Rate Stretch Tool]을 사용하여 쉽게 표현할 수 있다. 방법은 레이트 스트레치 툴을 선택할 후 속도 조절을 위한 비디오(오디오) 클립의 시작점이나 끝점을 이동하여 원하는 속도로 조절하면 된다.

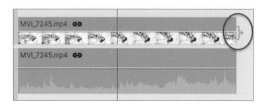

3.2.9 영상 고급 편집

1. 뷰티 콘텐츠를 위한 색보정

보편적인 콘텐츠도 그렇지만 특히 뷰티 관련 콘텐츠는 화면에 나타나는 모델유튜버의 피부톤에 민감하다. 그렇기 때문에 조명에도 각별히 신경을 써야 하는데, 만약 조명으로 해결되지

않는 장면이라면 색 보정 관련 효과들을 이용하여 문제를 해결할 수 있다. 학습을 위해 [학습자료] - [프로젝트] 폴더에서 [뷰티색 보정] 프로젝트 파일을 열어 보면 조명이 잘 처리된 영상이지만 피부톤을 보다 화사하게 보이도록 해보자.

이번에는 다른 방법으로 이펙트를 적용하기 위해 효과를 적용하고자 하는 비디오 클립을 선택한 후 [Effects] - [Color Correction] - [Brightness & Contrast] 효과를 선택하여 적용한다.

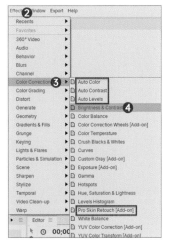

- 같은 효과 메뉴의 Auto Color/Contrast/Levels 효과는 장면의 색, 대조, 밝기를 기본 상태로 자동 보정해 주는 효과이며, Pro Skin Retouch(유료)는 피부톤과 잡티를 없애 줄 때 사용되는 효과이다.

컨트롤 패널이 열리면 방금 적용한 Brightness & Contrast에서 Brightness 값을 6 정도 증가하여 조금 밝게 해주고, Contrast를 3 정도로 높여서 선명하게 해준다.

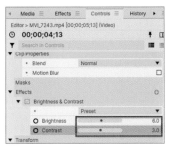

계속해서 이번에는 동화 속에 나오는 공주처럼 화사 뽀샤시하게 표현하기 위해 [Effects] - [Blurs] - [Diffuse] 효과를 적용한다.

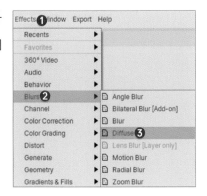

현재는 너무 과장된 느낌이 들기 때문에 컨트롤 패널에서 Diffuse 효과의 Radius를 10 정도로 조금 낮추어서 최대한 자연스럽게 보이도록 해준다.

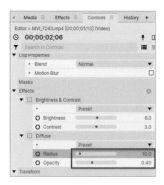 

마지막으로 모델 얼굴의 윤곽을 보다 뚜렷하게 해주기 위해 [Effects] - [Sharpen] - [Unsharpen] 효과를 적용한다.

컨트롤 패널에서 Unsharpen 효과의 Radius를 10 정도로 조금 낮추어서 자연스럽게 보이도록 해준다.

색 보정 작업을 하기 전의 원본과 비교를 해보면 훨씬 화사하고 뚜렷해진 것을 알 수 있다.

원본

결과물

2. 크로마키

크로마키chroma key는 R빨강, G초록, B파랑 세 가지 색상을 배경으로 하여 촬영한 후 배경을 뺀 영역에 다른 장면과 합성하는 기법이다. 일반적으로는 파랑과 초록을 많이 사용하여 블루 스크린 또는 그린 스크린이라고도 한다. 히트필름 익스프레스에서는 아주 간단하게 크로마키 작업을 할 수 있는 프리셋 효과를 제공한다. 학습을 위해 [학습자료] - [프로젝트] 폴더에서 [크로마키] 프로젝트 파일을 열어 보면 그린 스크린에서 촬영된 비디오 클립은 위쪽, 배경으로 사용할 이미지 클립은 아래쪽 트랙에 적용된 상태라는 것을 알 수 있다.

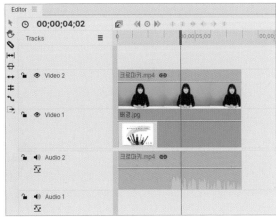

[Effects] - [Keying] 효과들을 보면 [Chroma Key] 효과는 유료라는 것을 알 수 있다. 본 도서에서는 무료 버전인 히트필름 익스프레스를 사용하므로 크로마키 효과를 사용할 수 없다. 따라서 프리셋에서 크로마키 작업을 해야 한다. 물론 프리셋에 있는 크로마키 효과는 더욱 완벽한 결과를 얻을 수 있다.

Effects 패널에서 맨 아래쪽에 있는 [Presets] - [2D Effects] 폴더에서 [Greenscreen Key] 효과를 크로마키 비디오 클립에 갖다 적용한다.

그러면 감쪽같이 그린 스크린이 빠지고 아래쪽 배경 이미지의 모습과 합성된 것을 알 수 있다. 이처럼 프리셋의 크로마키 효과는 아주 완벽한 크로마키 작업을 수행한다.

크로마키 효과 결과물

● 프리셋의 크로마키를 적용한 후 세부 설정을 하고 싶다면 컨트롤 패널을 이용한다.

3.2.10 렌더링(파일 만들기)

편집 작업이 모두 끝났다면 최종적으로 출력, 즉 파일을 만들 어야 한다. 이 과정을 렌더Render라고 한다. 먼저 렌더 규격을 선 택하기 위해 타임라인 오른쪽 상단의 [Export] - [Default Preset] 메뉴에서 [YouTube 1080p HD]를 기본 규격으로 선택한다.

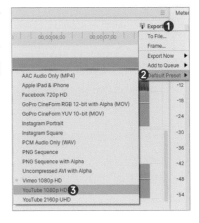

이제 렌더를 통해 동영상 파일을 만들기 위해 다시 [Export] 메뉴에서 [Add to Queue] - [Contents] 메뉴를 선택한다.

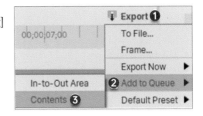

그러면 Export 창의 Queue 목록에 설정된 규격작업한 타임라인이 등록된다. 여기에서 최종적으로 비 디오 파일이 만들어질 위치를 지정하기 위해 Output 아래쪽 경로를 클릭한다.

다른 이름으로 저장창이 열리면 파일이 만들어 질 위치폴더를 선택한 후 적당한 파일명을 입력한 다. 그다음 [저장] 버튼을 누른다.

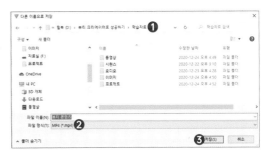

다시 익스포트 창으로 돌아오면 [Start Exporting] 버튼을 눌러 지정된 위치에 동영상 파일을 만든다. 렌더 시간은 작업 내용과 PC 성능에 따라 달라진다.

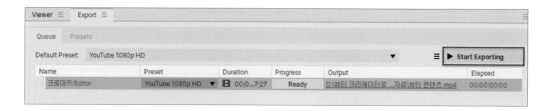

● 히트필름은 렌더 중에도 Viewer로 돌아가 편집 작업을 진행할 수 있다.

렌더가 끝나면 익스포트 창 아래쪽에 결과 썸네일이 나타나고, 최종 결과 파일은 실행하여 문제가 없는지 확인해 본다.

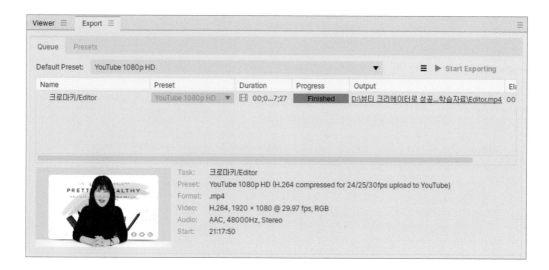

4. 동영상 소스 제대로 활용하기

영상을 제작함에 있어 고려해야 할 것 중에 저작권 문제이다. 뜻하지 않게 피해를 당하지 않기 위해서는 반드시 저작권에 대한 이해를 하고 작업 소스_{동영상, 이미지, 음원}를 사용해야 한다. 예를 들어 책 표지, 영화 포스터 등도 원칙적으로 디자인한 창작자들의 저작권이 인정되는데, 블로거나 유튜버들이 책 표지를 올리고, 영화 예고편이나 포스터 등을 올리며 리뷰를 하는 것이 저작권법으로 처벌되지 않는 것은 그것이 창작자들의 책과 영화의 홍보에 도움이 되기 때문이다.

4.1 저작권 문제 해결하기

저작권 문제에서 벗어나는 방법은 명확하다. 저작권 없는 글꼴, 저작권 없는 배경 음악 및 효과음, 저작권 없는 사진, 영상이나 자신이 촬영하고 만든 음원이라면 문제가 없지만 외부에서 가져온 미디어 소스들을 사용할 경우에는 저작권에 대한 정보를 확인하고 사용 허락 및 출처를 밝혀야 한다. 영상이 일반화되어 가는 시대, 저작권에 관한 문제는 영상을 제작하는 모든 이에 해당하는 문제로서 공유 콘텐츠가 늘어나고 있기 때문에 이와 같은 곳을 잘 활용해 보자. 참고로 유튜브에서도 저작권 문제가 없는 음원들을 'YouTube 오디오 라이브러리'에서 제공하고 있다.

4.1.1 유튜브에서 저작권 보호를 받는 저작물 유형

1. TV 프로그램, 영화, 온라인 동영상 등의 시청각 작품
2. 음원 및 음악 작품
3. 강연, 기사, 도서, 음악 작품 등의 저술 작품
4. 그림, 포스터, 광고 등의 시각 작품
5. 비디오 게임 및 컴퓨터 소프트웨어
6. 연극, 뮤지컬 등의 공연 작품

4.1.2 유튜브에서 저작권 위반 경고를 받았을 경우

유튜브에서 저작권 위반 경고를 받았다면 이는 저작권 소유자가 사용자에게 자신의 저작권 게시

권한을 부여하지 않았다는 사실을 유튜브에 공식적으로 신고한 것이다. 이러한 법적 요청을 받게 되면 유튜브는 저작권법에 의해 동영상의 게시를 중단한다. 저작권 위반 경고는 일종의 주의하라는 의미인데, 이러한 경고는 수익 창출에 영향을 미칠 수 있으며, 경고를 3번 받게 되면 계정은 물론 계정과 연결된 모든 채널이 강제 삭제된다. 또한, 이후에도 새로운 채널을 만들 수 없으므로 각별히 주의해야 해야 한다.

4.1.3 유튜브 음원 사용 시 주의할 점

1. 저작권 없는 음원 사용하기.
2. 음원을 새롭게 편곡해서 사용하기.
3. 노래 나오는 부분만 묵음으로 사용하기.
4. 3초 이내로 사용하기.
5. 음악저작권협회에 문의하기.

4.2 저작권 없는 음원을 제공하는 웹사이트

최근엔 유튜브에서도 저작권 문제가 없는 음원을 제공하는 채널이 늘어나고 있다. 다음에 소개할 몇몇의 채널을 이용하여 음원의 저작권 문제를 해결해 보자.

4.2.1 NCS

NCS NoCopyrightSounds는 2,880만 명의 구독자를 거느리는 세계에서 가장 유명한 BGM 채널이다. 전체적으로 세련된 느낌이고 게임, 매드무비 등에서 자주 듣던 음원이 많다.

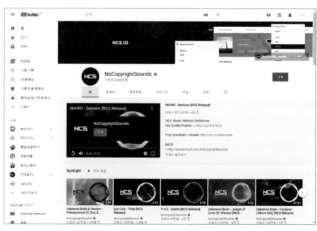

https://www.youtube.com/user/NoCopyrightSounds

4.2.2 VLOG

VLOG_Vlog No Copyright Music_도 구독자가 174
만 명이나 되는 알짜배기 BGM 채널이다.
재생목록이 장르별로 잘 정리가 되어 있다.

https://www.youtube.com/channel/UCEickjZj99-JJIU8_IJ7J-Q

4.2.3 유튜브 스튜디오(오디오 보관함)

유튜브 채널을 가지고 있다면 누구나
자신의 채널 메뉴에서 YouTube 스튜디오
로 들어가 오디오 보관함에서 제공하는 무
료 음원을 사용할 수 있다.

4.2.4 Royalty free music

유튜브 검색기에 Royalty free music 입
력하면 해당 사이트 방문 링크 버튼이 나타
난다. 이 링크 버튼을 클릭하면 3만 2,000
가지의 무료 음원을 제공하는 웹사이트로
이동된다.

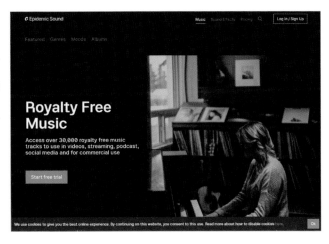

4.2.5 브금 저장소

브금 저장소는 배경 음악에 사용되는 음원을 무료로 사용할 수 있는 국내에서 가장 유명한 웹사이트이다. 이 사이트에서는 각 장르, 테마별 음원이 분류되어 있으므로 음악에 조예가 깊지 않아도 쉽게 원하는 음원을 찾아 사용할 수 있다.

www.bgmstore.net

4.2.6 데이드림사운드(효과음)

데이드림사운드DayDreamSound는 영상 편집 작업에서 유용하게 사용되는 무료 효과음들을 제공한다.

www.youtube.com/channel/UCCyocglAxHrnSfCMHqHeMMg

4.3 저작권 없는 동영상 파일을 제공하는 웹사이트

동영상 소스는 가급적 자신이 촬영하여 사용하는 것이 좋지만 배경 동영상이나 CG 등의 기술이 들어간 동영상은 초보자가 만들기 어렵다. 다음에서 소개하는 웹사이트를 활용하자.

4.3.1 VELOSOFY

VELOSOFY벨로소피는 유튜브 영상 인트로에 활용하기 좋은 다양한 템플릿을 무료로 제공한다.

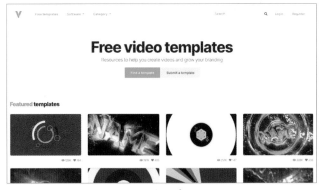

www.velosofy.com

4.3.2 Videvo

Videvo비데보는 유튜브 영상 제작에 필요한 영상뿐만 아니라 음원과 효과음 그리고 모션 그래픽 등을 무료로 제공한다.

www.videvo.net/

4.3.3 Mazwai

마즈웨이Mazwai는 하늘, 바다, 노을, 숲, 꽃 등의 아름다운 자연 풍경 동영상을 무료로 제공한다.

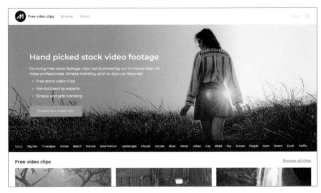

mazwai.com

4.3.4 Shutterstock

셔터스톡shutterstock은 동영상뿐만 아니라 음원도 제공하며, 기업용 유료 소스까지 제공한다. 제공되는 모든 프로젝트 길이에 맞게 미리 듣기 및 구간 반복할 수 있어 편리하다.

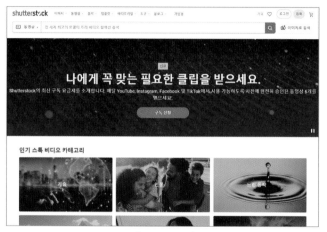

www.shutterstock.com

4.4 저작권 없는 이미지 파일을 제공하는 웹사이트

이미지 소스는 대부분 직접 촬영해서 사용하는 경우가 많지만, 방대한 자료를 준비하기에는 어렵다. 다음의 저작권 없는 무료 이미지들을 제공하는 웹사이트들을 활용하자.

4.4.1 PIXABAY

픽사베이Pixabay는 유튜버들에게 가장 인기가 많은 웹사이트이다. 고품질 사진뿐만 아니라 일러스트, 벡터 그래픽을 모두 제공하며, 동영상까지 제공한다.

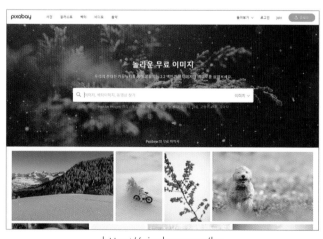

https://pixabay.com/ko

4.4.2 Unsplash

언스플래쉬unsplash는 표지용 및 디자인용 이미지에 최적화된 이미지들을 무료로 제공한다. 특히 감성적인 이미지들이 많아서 전문 영상 작업 시 유용하다.

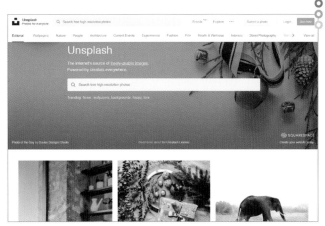

www.unsplash.com

4.4.3 BURST

버스트burst는 북미 기반의 해외 온라인 쇼핑몰 플랫폼인 쇼피파이에서 상업적으로 이용이 가능한 웹사이트로 웹사이트, 블로그, 쇼핑몰 등에서 사용해도 되는 무료 이미지들을 제공한다.

www.burst.shopify.com

4.4.4 freepik

프리피크freepik는 유튜버, 블로거, 프리랜서 디자이너에게 유명한 디자인 소스 웹사이트로 백터Vectors, 포토Photos, PSD포토샵 파일로 구분된 다양한 소스들을 무료로 제공한다. 하루 다운로드받을 수 있는 횟수가 제한되므로 무제한으로 사용하고자 한다면 유료 서비스를 받아야 한다.

www.freepik.com

4.5 저작권 없는 폰트(글꼴)를 제공하는 웹사이트

자막으로 사용되는 폰트 또한 저작권이 있으므로 주의하여 사용해야 한다. 요즘은 업체나 관공서에서도 무료 글꼴들을 제공하고 있음으로 영상에 들어갈 자막이라면 굳이 유료 글꼴을 구매할 필요가 없다. [학습자료] 폴더로 들어가 보면 [무료글꼴] 폴더가 있는데 필자가 즐겨 사용하는 무료 글꼴을 받을 수 있는 웹사이트 바로가기 파일들을 통해 무료 글꼴들을 다운로드하여 설치하기 바란다.

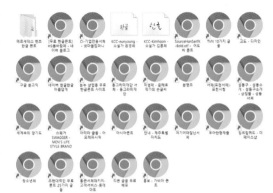

여기에서는 하나의 글꼴에 대해서 다운로드받아 설치하는 방법에 대해 알아볼 것이다. 학습 후 나머지 글꼴들은 여러분이 직접 설치하기 바란다. [네이버 한글한글 아름답게] 바로가기를 [더블클릭]하여 해당 웹사이트를 열어 준다.

무료 폰트 중 가장 알려진 네이버의 나눔체를 다운로드할 수 있는 페이지로 이동되면 [네이버에서 개발한 글꼴 모음 설치하기] 버튼을 누른 후 사용할 운영 체제를 선택한다. 필자는 윈도즈에서 사용할 것이기 때문에 [윈도우용] 버튼을 클릭하였다.

다운로드가 완료되면 다운로드받은 [NanumFontSetup.....zip] 파일을 클릭하여 압축창을 열어 준다.

ZIP NanumFontSetup_....zip ∧

● 압축을 풀기 위해서는 알집, 윈집 등과 같은 압축 프로그램이 설치되어 있어야 한다.

압축 프로그램이 열리면 이제 글꼴 폴더를 열어 주기 위해 윈도우즈 검색기에서 [제어판]을 검색하여 제어판을 실행한다.

제어판이 열리면 [글꼴] 폴더를 더블클릭하여 열어 준다.

글꼴 폴더가 열리면 앞서 실행했던 압축 프로그램에서 모든 글꼴들을 선택Ctrl + A 한 후 끌어다 글 꼴 폴더에 갖다 놓는다. 그러면 선택된 글꼴들이 복사되며, 복사된 글꼴들은 모든 히트필름 등의 프로그램에서 자막 글꼴로 사용할 수 있다.

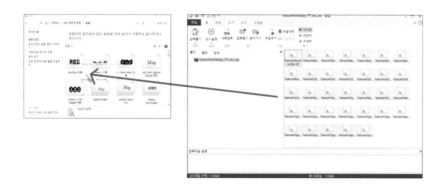

- 무료 글꼴 중에서는 복사가 아닌 설치 방식도 있다. 설치 방식은 프로그램 설치하듯 설치하면 제 어판 글꼴 폴더에 자동으로 설치된다.

PART III

유튜브 채널 생성 및 관리

콘텐츠 기획을 거쳐 콘텐츠 촬영, 편집까지 끝냈다면 이제 자신의 유튜브 채널을 만들어 업로드하고 관리하는 일이 남았다. 이제부터는 유튜브 채널 개설 및 관리를 위한 모든 과정을 살펴볼 것이다.

Chapter 06
계정 및 채널 만들기

자신의 유튜브 채널을 만들기 위해서는 우선 구글_{Google}에 로그인할 수 있는 계정_{아이디, 패스워드}이 필요하다. 물론 유튜브 채널을 운영하고자 하는 분들은 대부분 스마트폰을 사용하고 있으므로 이미 구글 계정이 되어 있을 것이다. 하지만 구글 계정이 없거나 계정에 로그인 할 수 있는 정보들을 잊었다면 새로운 계정을 만들어야 한다.

1.   구글 계정 생성 및 관리

유튜브 채널을 만들기 위해서는 구글 계정이 필요하다. 그 이유는 유튜브가 구글에 인수된 기업이기 때문이다. 그렇기 때문에 유튜브 채널을 개설하기 위해서는 반드시 구글 계정이 필요하다.

1.1 구글 계정 만들기

구글 계정을 만든다는 것은 구글에서 제공하는 서비스를 이용하기 위한 일종의 회원 가입과 같은 것이다. 이제 구글에 가입하기 위해 구글 웹사이트_{www.google.co.kr}를 열어 준다. 또한, 네이버, 다음과 같은 포털사이트에서 검색하여 쉽게 찾아 들어갈 수 있다. 구글 메인 화면이 열리면 [로그인] 버튼을 클릭한다.

- 스마트폰에서 구글 계정을 만들 수도 있지만 여기에서는 PC에서 구글 계정을 만들고 관리하는 방법에 대해 알아볼 것이다.

계정 선택 페이지가 열리면 [다른 계정 사용] 메뉴를 선택 클릭한다. 그림에서는 필자가 운영 중인 몇 개의 계정이 있는 데, 여러 개의 계정을 사용하게 되면 한 곳에 나타나기 때문 에 원하는 계정을 선택할 수 있다.

- 계정 중 필요 없는 계정이 있다면 [계정 삭제]를 통해 삭제할 수 있다.

로그인 페이지가 열리면 [계정 만들기]를 클릭한다. 그러면 [본인 계정]과 [내 비즈니스 관리하기] 두 메뉴가 나타나는데, 여기에서는 [내 비즈니스 관리하기]를 선택한다.

1. **본인 계정** : 자신의 아이디로 자기 혼자서 유튜브 채널을 관리하고자 할 때 사용
2. **내 비즈니스 관리하기** : 자신의 아이디로 자신뿐만 아니라 권한을 또 다른 관리자에게 위임하여 채널을 관리할 수 있도록 할 때 사용

초반에는 자신 혼자 유튜브 채널을 관리를 하지만 채널의 규모가 커지게 되면, 즉 기업화되면 혼자서 관리하기가 쉽지 않기 때문에 업무를 분업화하기 위해 비즈니스 계정인 [내 비즈니스 관리하기]로 계정을 만드는 것이 좋다.

Google 계정 만들기 페이지가 열리면 사용자 이름영문, 지메일로 사용할 이름, 비밀번호를 입력한다. 특히 비밀번호는 확인에서 다시 한번 입력해야 한다. 그다음 [다음] 버튼을 클릭하여 다음 과정으로 넘어간다.

● 이미 사용되고 있는 사용자 이름은 사용할 수 없으니 중복되지 않는 이름으로 사용해야 하며, 비밀번호는 기억하기 좋은 것으로 하여 잊지 않도록 한다.

다음 페이지가 열리면 구글 계정에 대한 인증에 필요한 자신의 전화번호와 복구를 위한 또 다른 이메일 주소, 출생 정보와 성별을 입력한 후 [다음] 버튼을 클릭한다.

전화번호 인증을 위해 [보내기] 버튼을 클릭한다.

방금 입력된 전화번호로 G코드가 오면 나머지 여섯 자리 숫자를 입력한 후 [확인] 버튼을 클릭하여 인증한다.

다음 페이지에서는 입력된 전화번호에 대해 다양하게 활용할 수 있는 권한 부여에 대한 내용인데, 필요 없다면 [건너뛰기] 해도 상관없다. 필자는 전화번호를 다양하게 활용하기 위해 [예] 버튼을 선택하였다.

마지막으로 개인정보 보호 및 약관을 읽어본 후 Google 서비스 약관에 동의함과 위와 같은 주요 사항을 비롯하여…, 체크 박스를 체크한 후 [계정 만들기] 버튼을 클릭한다.

이것으로 구글 계정이 정상적으로 만들어졌다. 현재는 비즈니스 계정을 만들었으므로 비즈니스 프로필을 추가할 것인지에 대한 소개를 하고 있는데, 이 부분은 다음에 여러분이 직접 살펴보기 바라고 지금은 [나중에 하기]를 선택한다.

1.2 구글 계정 관리하기

구글 계정 관리에 대해 잠깐 살펴보기 위해 브라우저 오른쪽 상단의 둥근 로고 버튼을 클릭한다. 메뉴가 열리면 [Google 계정 관리] 버튼을 클릭한다.

계정 관리 페이지가 열리면 자신의 구글 계정에 대한 다양한 정보 확인 및 수정이 가능하다. 처음에는 특별히 손댈 이유가 없지만 유튜브 채널을 운영하다 보면 자연스럽게 익숙해질 것이다.

1. **홈**: 개인정보 보호 및 맞춤, 보안, 지메일 및 구글 드라이브 용량 설정, 개인정보 보호 진단과 같은 설정하기.
2. **개인정보**: 자신의 개인정보 확인 및 수정하기.
3. **데이터 및 맞춤 설정**: 개인정보 보호 진단 실행, 활동 제어, 활동 및 타임라인 보기, 광고 관리, 데이터 다운로드, 삭제, 처리 계획과 같은 비즈니스 설정하기.

4. **보안** : 계정 보안 강화에 대한 설정하기. 보안 강화가 필요하다면 설정함.

5. **사용자 및 공유** : 자신의 스마트폰에 있는 연락처 정보를 구글과 공유할 수 있도록 설정하기.

6. **결제 및 구독** : 구글 페이를 통한 결제 수단 및 구독에 관한 설정하기.

알아두기

지메일에 대하여

구글 계정을 만들면 자동으로 지메일도 함께 생성된다. 보통 네이버나 다음과 같은 플랫폼에서는 하나의 메일 주소만 생성할 수 있는데, 구글은 중복되지 않는 한 원하는 개수만큼 계정을 만들 수 있으므로 지메일 주소 또한 원하는 만큼 만들어 사용할 수 있다.

---

2. 유튜브 채널 생성 및 관리

앞에서 구글 계정을 만들었으므로 이제 유튜브 채널도 만들 수 있게 되었다. 유튜브 채널은 하나의 계정에서 여러 개를 생성할 수 있기 때문에 채널 때문에 별도의 계정을 만들 필요는 없다.

2.1 유튜브 채널 만들기

유튜브 채널을 만들기 위해 먼저 유튜브www.youtube.com 을 열어 준다. 그다음 브라우저 오른쪽 상단의 [로그인] 버튼을 클릭한다. 현재는 앞에서 구글에 로그인된 상태이기 때문에 자신의 유튜브 계정으로 자동 로그인 될 것이다. 그렇지만 구글을 로그아웃한 상태라면 구글 계정을 만들 때 사용한 아이디이메일 주소와 비밀번호를 입력하여 로그인해야 한다.

오른쪽 상단의 둥근 로고 버튼을 클릭하여 메뉴를 열어준 후 채널을 생성하기 위해 [채널 만들기] 버튼을 클릭한다.

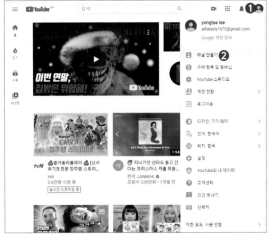

크리에이터 활동 시작하기 창이 열리면 [시작하기] 버튼을 클릭한다.

채널 생성 방식 선택하기 창이 열리면 [맞춤 이름 사용]을 선택한다.

● 내 이름으로 채널을 생성하면 자신의 이름을 딴 채널이 생성되고, 맞춤 이름으로 채널을 생성하면 비즈니스를 위한 맞춤형 이름으로 사용할 수 있다. 자신의 채널을 기업으로 성장시킬 것이라면 맞춤 이름을 사용하는 것이 좋다.

채널 이름 만들기 창이 열리면 적당한 비즈니스_{채널 상호} 명을 입력한 후 체크 박스를 체크하여 [만들기] 버튼을 클릭한다. 그러면 맞춤형 채널이 생성된다.

채널 아이콘을 만들기 전에 먼저 채널에 대한 설명을 입력하고 자신이 운영하고 있는 웹사이트나 SNS 계정_{주소}이 있다면 [사이트에 링크 추가]에 해당 SNS 도메인 주소 뒤쪽에 자신의 프로필 이름을 입력한 후 [저장하고 계속하기] 버튼을 누른다. 그러면 자신의 채널 아트 오른쪽 상단에 링크된 SNS로 이동할 수 있는 버튼이 생성되어 구독자와 보다 친밀하게 소통할 수 있다.

패널 아트 오른쪽 하단에 페이스북이 링크된 모습

알아두기

불필요한 채널 삭제하기

만약 사용하지 않는 채널이 있다면 삭제하는 것을 권장한다. 불필요
한 채널은 작업에 혼란을 주기 때문이다. 사용하지 않는 채널을 삭제
하기 위해서는 브라우저 오른쪽 상단의 둥근 아이콘을 클릭한 후 [설
정]을 선택하여 채널 설정 페이지를 열어 준다.

그다음 열리는 설정 페이지에서 [고급 설정]을 선택하면 열리는 고급 설정 페이지에서 [채널 삭제]
를 선택한 후 계정 아이디와 비밀번호를 입력하여 삭제할 수 있다.

2.2 채널 아이콘(로고) 제작하기

채널 아이콘은 자신의 채널에 들어갈 로고를 말한다. 일종의 간판이라고 이해하면 될 것이다. 전문 디자이너들은 패널 아이콘을 제작하기 위해 어도비 포토샵 같은 전문 프로그램을 사용하지만 본 도서의 독자분들은 초보자일 가능성이 많으므로 누구나 쉽고 간편하게 채널 아이콘을 제작할 수 있는 프로그램을 이용하여 채널 아이콘을 제작할 것이다.

[로고 제작 시 필요한 것들]

1. 로고에 적용될 상호명(브랜드)
2. 상호(채널)명 의미
3. 관련 비즈니스 설명, 차별성, 기업 철학, 슬로건 등
4. 타깃층 성별 및 연령대
5. 벤치마킹 하는 상호명, 경쟁 업체
6. 로고에 담고 싶은 이미지, 주제
7. 마음에 드는 로고 스타일

2.2.1 CANVA를 이용한 채널 아이콘 만들기

디자인 플랫폼인 캔바canva 는 로고, 아이콘, 광고 등에 사용할 수 있는 디자인을 무료로 할 수 있는 웹사이트 기반의 디자인 플랫폼프로그램이다. 먼저 캔바www.canva.com/ko_kr를 열어 준 후 캔바 계정을 만들어주기 위해 [가입] 버튼을 누른다.

Canva 시작하기 창이 열리면 회원 가입을 위한 선택을 해야 하는데, 우리는 앞에서 구글 계정을 만들었으므로 구글 계정으로 회원 가입을 해보자.

계정 선택창이 열리면 앞서 만든 계정을 선택한다. 그러면 간단하게 캔바 계정이 만들어진다.

캔바 계정이 설정되면 캔바를 어느 용도 사용할 것인지에 대한 선택을 해야 하는데, 여기에서는 개인적으로 사용할 것이기 때문에 [개인] 버튼을 누른다.

30일간 무료 사용에 대한 창이 열리면 일단 무시하고 [나중에] 버튼을 누른다.

- 캔바 프로 버전은 모든 기능을 사용할 수 있지만 사용료를 지급해야 한다. 우리는 유튜브 채널 아이콘이나 채널 아트 정도를 만들 것이므로 프로 버전을 사용하지 않아도 문제 없다.

첫 번째 디자인을 시작해 보세요, 창이 열리면 [로고]를 선택한다. 그다음 작업창이 열리면 일단 [홈] 메뉴를 선택하여 작업 창을 닫는다.

이제부터 자신이 원하는 규격의 아이콘을 제작하기 위해 오른쪽 상단 [디자인 만들기] 버튼을 클릭한 후 [사용자 지정 크기]를 선택한다.

새로 작업할 규격은 800×800으로 설정한다. 유튜브는 채널
아이콘의 크기를 가로세로 800으로 권장하기 때문이다. 규격 설
정 후 [새 디자인 만들기] 버튼을 클릭한다.

- 채널 아이콘 크기(규격) 800×800 px(픽셀)

다시 작업창이 열리면 추천 템플릿 화면이 나타나
는데, 템플릿을 선택하면 미리 제작된 템플릿 기반으
로 글자만 바꿔서 사용할 수 있다. 하지만 지금은 자
신만의 아이콘을 만들어야 하기 때문에 [업로드] 메
뉴로 이동한다. 참고로 템플릿으로 시작 안내창은 작
업에 방해가 될 수 있으므로 [×] 버튼을 눌러 닫아놓
는다.

먼저 아이콘 배경 이미지를 가져오기 위해 이미지 항목에서 [미디어 업로드] 버튼을 클릭한다. 그
다음 [기기]를 선택한 후 [학습자료] - [이미지] 폴더에서 [뷰티 아이콘 배경 02] 클립을 가져온다.

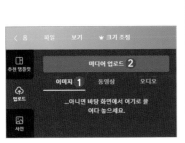

- 방금 사용한 이미지는 뷰티 콘텐츠를 위한 촬영에서 특정 장면을 캡처한 이미지다. 이렇듯 아이
  콘 배경에 사용할 이미지는 현장에서 촬영된 것으로도 충분하다.

방금 가져온 이미지 클립을 오른쪽 하얀색 작업 영역으로 갖다 놓는다. 그러면 그림처럼 작업 영역800×800에 맞게 적용된다.

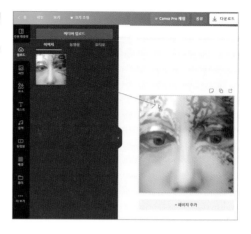

채널 아이콘 배경이 완성되었으므로 이제 글자를 만들어 보자. [T] 모양의 텍스트 항목으로 이동한 후 스크롤하여 원하는 글자 디자인을 찾아 앞서 채널 아이콘 배경이 적용된 작업 영역으로 갖다 놓는다. 이것으로 간단하게 멋진 글자까지 만들어 주었다.

 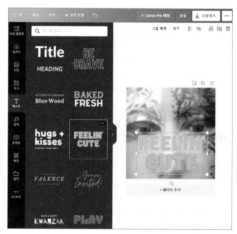

이제 글자를 변경하기 위해 변경하고자 하는 글자를 클릭한다. 그러면 글자를 수정할 수 있는 상태로 전환되며, 원하는 글자를 입력하면 된다. 만약 글자가 많아져 줄이 바뀐다면 모서리 포인트를 조절하여 글자 입력 상자의 크기를 키워주면 된다. 필자는 글자들은 가운데로 이동하여 마무리하였다.

채널 아이콘 작업이 끝났다면 이미지 파일로 만들기 위해 위쪽에 있는 [다운로드] 버튼을 클릭한 후 파일 형식을 PNG로 선택한 후 [다운로드]한다. 이것으로 간단하게 널 아이콘을 만들어 보았다.

알아두기

채널의 아이덴티티가 담긴 아이콘(로고) 디자인

기업에서의 아이덴티티(Identity)는 로고에서 기업을 상징하는 시그니처로서의 의미를 가진다. 유튜브 채널 상단과 프로필에 사용되는 로고 또한 이러한 상징성과 시그니처가 필요하며 또한 유튜브 채널의 특성상 채널의 신뢰도는 물론 친근함까지 느껴지는 디자인이 필요하다.

2.2.2 채널 아이콘 업로드하기

앞서 제작한 채널 아이콘을 자신의 유튜브 채널로 업로드하기 위해 오른쪽 상단 둥근 아이콘 버튼을 클릭한 후 [내 채널]을 선택한다. 내 채널이 열리면 채널명 왼쪽의 둥근 아이콘을 클릭한다.

채널 맞춤 설정 페이지가 열리면 프로필 사진 항목에서 [업로드] 버튼을 클릭한 후 앞서 캔바에서 제작하여 다운로드한 이미지 파일을 가져온다.

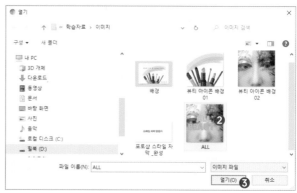

프로필 사진 맞춤 설정창이 열리면 [완료] 버튼을 눌러 완료한다.

이제 최종적으로 적용하기 위해 [게시] 버튼을 누른다. 그러면 브라우저 오른쪽 상단의 둥근 아이콘이 기본 아이콘에서 새로운 아이콘으로 바뀐 것을 알 수 있다.

- 채널 아이콘과 채널 아트 등의 설정법은 유튜브 플랫폼이 변경되면 따라서 변경되므로 각 설정 기능들의 위치가 달라질 수 있다.

2.3 채널 아트(배너 아트) 제작하기

채널 아트는 유튜브 채널 상단의 넓은 배경 배너 이미지를 말한다. 이 채널 아트는 모바일(태블릿 PC, 스마트폰)와 데스크탑 PC, 인터넷 TV에서 각각 다른 크기로 나타나며 표준 크기는 2048x1152 이상이므로 인터넷 TV 기준으로 가득 채울 필요가 없다. 다음의 규격을 참고하면 채널 아트를 제작하는 데 도움이 될 것이다.

1. 인터넷 TV : 2560×1440
2. 데스크탑 PC : 2560×423
3. 태블릿 PC : 1855×423
4. 스마스폰 : 1546×423 유튜브 표준 크기

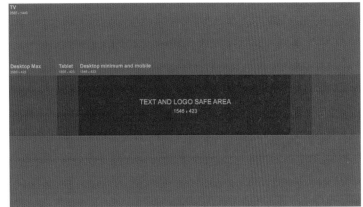

채널아트 크기 가이드

● [학습자료] – [이미지] 폴더에는 채널 아트 크기 가이드 파일(PSD)을 제공하고 있으니 참고하기 바란다.

2.3.1 CANVA를 이용한 채널 아이콘 만들기

이번에도 역시 캔바를 이용하여 채널 아트를 만들어 보자. 캔바 웹사이트를 열어 준 후 [디자인 만들기] 메뉴를 열고 사용자 지정 크기를 가장 큰 인터넷 TV인 2560 ×1440으로 설정하여 [새 디자인 만들기]를 한다.

이제 포토샵을 실행하여 채널 아트에 들어갈 이미지 작업을 해보자. [파일] - [열기] 메뉴를 선택한 후 [학습자료] - [이미지] 폴더에서 [채널 아트 아이콘]을 열어 준다.

- 채널 아트 아이콘은 뷰티 콘텐츠 촬영에서 캡처한 이미지이다.

채널 아트 아이콘 이미지가 열리면 레이어 패널에서 배경을 레이어로 바꿔 주기 위해 배경을 더블클릭한다.

1. 배경: 위치 이동, 회전, 크기 조절, 투명도 등을 설정할 수 없는 바닥에 완전히 붙어 있는 형태의 이미지

2. 레이어: 위치 이동, 회전, 크기 조절, 투명도 등을 설정할 수 있는 개별적으로 사용할 수 있는 이미지 위아래 층 구조로 사용됨

레이어의 구조

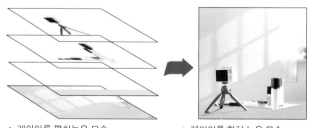

▲ 레이어를 펼쳐놓은 모습　　　　▲ 레이어를 합쳐 놓은 모습(위에서 본 모습)

새 레이어 창이 열리면 그냥 기본 상태에서 [확인]하여 배경을 레이어로 전환한다.

이제 채널 아트 아이콘 이미지의 얼굴 부분만 둥근 형태로 만들기 위해 왼쪽 툴바에서 [원형 선택 윤곽 도구]를 선택한 후 그림처럼 클릭 & 드래그하여 원형 선택을 해준다. 이때 [Shift] 키를 누른 상태로 드래그해야 정원이 만들어진다.

- 원형 영역 선택을 한 후 위치를 이동할 수 있기 때문에 처음부터 정확하게 선택하려고 하지 않아도 된다.

방금 선택한 영역을 반전시키기 위해 [선택] - [반전] 메뉴를 선택한다.

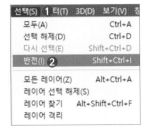

반전된 영역을 삭제하여 투명하게 처리하기 위해 [Delete] 키를 누른다.

투명한 영역이 포함된 이미지 파일을 만들어 주기
위해 [파일] - [내보내기] - [PNG로 빠른 내보내기] 메뉴
를 선택한다.

다른 이름으로 저장창이 열리면 적당한 위치 폴더와
이름으로 저장한다. 이것으로 채널 아트에 사용할 이
미지를 완성하였다.

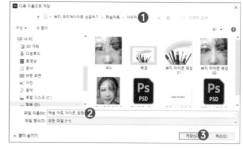

● 포토샵은 이미지(사진) 편집뿐만 아니라 캐릭터, 그림, 광고 디자인 등 다양한 용도로 사용되므로
틈틈이 배워 두길 권장한다.

이제 다시 캔바로 이동한 후 앞서 포토샵에서 만든 이미지를 가져오기 위해 [업로드] - [미디어 업로드]를 선택한 후 [기기]를 선택한다.

열기 창이 열리면 앞서 만든 [채널 아트 아이콘_원형] 파일을 [열기]한다.

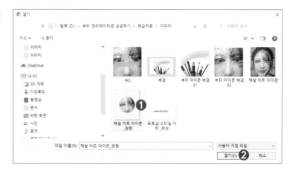

미디어 업로드에 적용된 이미지를 오른쪽 작업 영역에 갖다 놓는다.

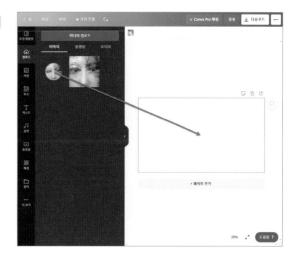

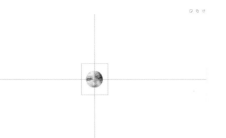

적용된 이미지의 크기를 좀 더 키워 주고 위치를 그림처럼 작업 영역 가운데 위치시킨다. 캔바에서 이미지의 크기와 위치를 조절할 때 스냅 가이드라인이 작동되어 쉽게 설정이 가능하다.

이번에는 배경을 나만의 색상으로 설정하기 위해 [배경] 항목에서 [새 색상]을 선택한다.

아래쪽 색 선택과 위쪽 채도를 통해 원하는 색상으로 설정한다. 필자는 진하고 어두운 보라색으로 배경 색상을 설정하였다.

계속해서 글자를 입력하기 위해 [텍스트] 항목으로 이동한 후 원하는 글자 스타일을 클릭하여 적용한다.

적용된 글자들을 [ALL' BEAUTY]로 수정하고 크기와 위치도 그림처럼 설정한다.

아래쪽에 또 다른 글자를 입력하기 위해 앞서 사용했던 글자를 선택_{클릭}한 후 [Ctrl] + [V] 키를 눌러 하나 더 복제한다.

복제된 글자 중 아래쪽 글자를 삭제하기 위해 선택한 후 [Delete] 키를 누른다. 그다음 남아 있는 위쪽 글자를 1670으로 수정한다.

글자의 색상을 바꿔 주기 위해 수정된 글자를 선택한 후 위쪽에 있는 [효과]를 선택한다.

효과창이 열리면 색상을 클릭하여 색상 설정_{선택} 창을 열어 놓은 후 하얀색으로 바꿔 준다.

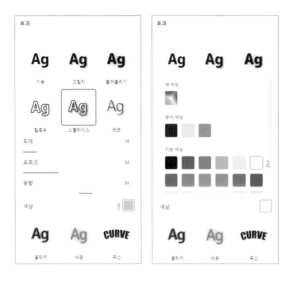 

이제 수정된 글자와 앞서 사용했던 원본 글자 모두를 선택_{Shift 키를 누른 상태로 선택}한 후 위치를 수직 중앙으로 배치한다.

새로운 글자를 입력하기 위해 다시 [텍스트] 항목에서 원하는 글자 스타일을 선택하여 작업 영역에 적용한다.

적용된 글자를 원하는 글자 Beauty to everyone 를 입력한 후 크기와 위치를 그림처럼 설정한다.

모든 채널 아트 작업이 끝나면 이미지 파일로 저장하기 위해 [다운로드]를 클릭한 후 [다운로드] 버튼을 선택하여 파일로 저장한다. 필자는 저장된 파일을 [학습자료] - [이미지] 폴더로 이동하였고, 이름을 [채널 아트 배경]으로 변경하였다.

채널 아트 배경

2.3.2 채널 아트 업로드하기

이제 앞에서 제작한 채널 아트 이미지를 업로드하기 위해 [내 채널]을 선택하여 내 채널로 들어간다. 그다음 채널 아이콘을 클릭한다.

채널 맞춤 설정 페이지가 열리면 배너 이미지의 [업로드] 버튼을 클릭한다.

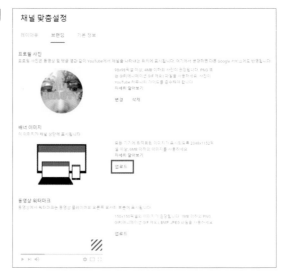

 알아두기

동영상 플레이어에 워터마크 적용하기

자신의 채널에 동영상을 업로드한 후 재생하면 플레이어 오른쪽 하단에 워터마크(로고)를 나타나도록 할 수 있다.

열기창이 열리면 앞서 저장한 [채널 아트 배경 이미지] 파일을 [열기]한다.

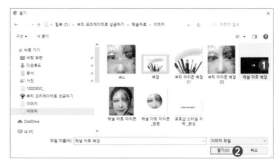

배너 아트 맞춤 설정창이 열리면 방금 가
져온 이미지가 각 기기의 규격에 어떻게 적용
되는지 확인할 수 있다. [완료] 버튼을 눌러
적용한다.

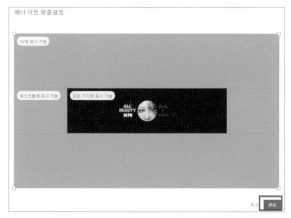

이제 마지막으로 [게시] 버튼을 클릭하여
가져온 채널 아트 이미지를 게시한다.

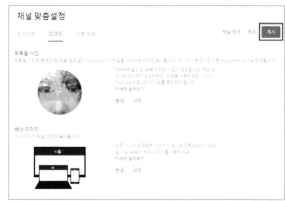

게시된 채널 아트를 확인해 보기 위해 [내 채널]을 선택한다. 그러면 자신의 채널 페이지로 이동되
고 앞서 만든 채널 아이콘과 채널 아트가 제대로 적용된 것을 알 수 있다.

2.4 동영상 업로드 및 관리

자신의 채널에 아이콘과 채널배너 아트를 모두 등록하였다면 이제 동영상 편집한 결과물을 업로드하고 관리하는 방법에 대해 알아보자.

2.4.1 동영상 업로드 하기

동영상 업로드를 하는 방법은 다양한데, 모든 페이지의 오른쪽 상단에 비디오카메라 모양의 [만들기] - [동영상 업로드] 버튼을 클릭하면 동영상을 업로드할 수 있다.

동영상 업로드 창이 열리면 업로드할 동영상 파일이 있는 폴더에서 직접 끌어서 적용하거나 [파일 선택] 버튼을 클릭하여 가져올 수 있다. 여기에서는 [학습자료] - [동영상] 폴더에 있는 비디오 파일로 학습해 보자. [DSC_0115] 비디오 클립을 끌어다 업로드 창에 갖다 놓는다. 그러면 [파일 선택] 기능을 사용하지 않고도 비디오 클립이 업로드된다.

- 학습을 위해 업로드한 비디오 클립은 학습 후 삭제하기로 한다.

업로드한 동영상에 대한 정보를 입력하는 창이 열리면 동영상, 즉 콘텐츠 주제와 내용에 대한 설명을 입력한다. 그리고 업로드된 동영상의 썸네일로 사용할 이미지를 선택한다.

- 제목과 내용 설명은 시청자들에게 관심을 끌 수 있는 문구로 하는 것이 중요하다. 하지만 지나친 어그로[1]는 피하는 게 좋다.

- 썸네일은 일종의 표지와 같은 것이다. 그러므로 동영상의 장면 중 눈길을 끌 수 있는 장면을 선택하는 것이 중요하다. 물론 별도의 썸네일을 제작하여 사용할 수도 있다. 이 부분은 다음 챕터에서 살펴볼 것이다.

기본 썸네일을 선택하였다면 이제 아래쪽 내용을 설정한다. 재생 목록은 아직 없기 때문에 넘어가고 [시청자층]에 대한 설정은 [아니요, 아동용이 아닙니다]를 체크한다.

---

1) 어그로 : 관심을 끌고 분란을 일으키기 위하여 인터넷 게시판 등에 자극적인 내용의 글을 올리거나 악의적인 행동을 하는 것. 일종의 노이즈 마케팅과 유사하다.

업로드된 동영상에 유료 광고성 내용이 포함되어 있다면 유료 프로모션에서 [동영상에 간접 광고, 스폰서십, 보증 광고와 같은 유료 프로모션이 포함되어 있음]을 체크해야 불이익을 당하지 않는다. 물론 유료 광고성 내용이 없다면 무시해도 된다.

● 유료 광고성 내용이 포함되었다고 체크하여도 유튜브에서는 해당 동영상에 광고를 기재하기 때문에 수익에는 영향을 주지 않는다.

업로드된 동영상을 찾기 위한 태그는 해당 동영상과 관련이 있는 단어를 3~10개 이내로 입력하는 것이 좋다. 한 단어를 입력한 후 쉼표를 입력하는 형태로 입력하면 된다.

알아두기

해시(#) 태그와 태그

태그와 공통된 검색어일 경우 검색되는 역할을 한다. 그리고 해시태그는 일종의 링크를 통해 해당 해시태그와 연결된 자료로 찾아주기 위한 목적으로 사용되는데, 해시태그는 위쪽 동영상 내용을 입력하는 필드에서 그림처럼 입력하면 된다.

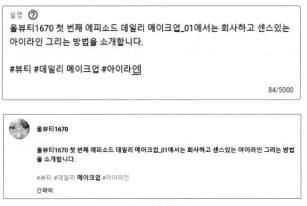

해시태그가 적용된 모습

계속해서 언어 및 자막에서는 [한국어]로 해주고 별도의 자막한글, 영어, 중국어 등이 준비되어 있다면 [자막 업로드]를 통해 자막을 화면에 나타나게 할 수 있다. 그밖에 녹화 날짜 및 위치, 라이선스 및 배포, 퍼가기 허용, 구독 피드에 게시하고 구독자에게 알림 전송을 설정한다.

- 표준 유튜브 라이선스는 유튜브에 방송 권한을 부여한다는 의미이며, 크리에이티브 커먼즈(CC)는 자신의 콘텐츠를 자신의 허락에 의해 이용권을 부여한다는 의미이기 때문에 자유로운 배포, 공유, 홍보를 위해서는 표준 유튜브 라이선스를 사용하는 것이 좋다.

카테고리에서는 업로드된 동영상의 장르를 선택하면 되고, 댓글 및 평가에서는 댓글 공개 상태를 [부적절할 수 있는 댓글은 검토를 위해 보류]로 해주고 정렬 기준은 인기순과 최신순 중 원하는 것으로 선택한다. 그리고 동영상에 좋아요 및 싫어요 표시를 하고자 한다면 이 옵션을 체크한 후 [다음] 버튼을 눌러 다음 설정 창으로 이동한다.

동영상 요소창으로 이동되면 카드와 최종 화면을 사용하여 원하는 특정 장면을 지정하여 지정된 구간에 다른 동영상, 재생 목록, 채널을 삽입하거나, 웹사이트를 링크시킬 수 있다. 이 기능을 통해 다른 콘텐츠에 대한 광고·홍보 효과를 얻을 수 있다. 여기에서는 설정 없이 그냥 넘어가기 위해 [다음] 버튼을 누른다.

● 최종 화면 추가는 업로드된 동영상의 길이가 25초 이상이어야 사용 가능하다.

이제 마지막으로 공개 상태에 대한 설정을 [공개]로 한 후 예약 없이 [게시] 버튼을 클릭하여 업로드된 동영상을 게시한다.

- 인스턴트 프리미엄 동영상으로 설정은 업로드된 동영상을 유료로 시청할 수 있도록 할 때 사용한다.

게시된 동영상을 페이스북이나 카카오스토리 등에 공유하고자 한다면 해당 SNS를 선택하면 되고, 동영상 링크 주소를 복사하여 다른 SNS나 웹사이트에 공유하고자 한다면 [복사하기] 버튼을 눌러 복사한 후 원하는 곳에 붙여넣기Ctrl + V할 수 있다. 설정이 끝나면 [닫기] 버튼을 클릭한다.

페이스북에 공유 주소를 붙여넣기한 모습

채널 콘텐츠를 보면 방금 업로드한 동영상이 목록에 등록된 것을 알 수 있다. 이와 같은 방법으로 자신의 동영상을 간편하게 업로드할 수 있다.

* 업로드된 동영상의 재설정은 채널 콘텐츠에서 재설정하고자 하는 콘텐츠를 클릭하면 된다.

2.4.2 섹션으로 구분하여 관리하기

하나의 채널에 여러 가지 장르의 콘텐츠를 보여 주어야 한다면 섹션을 만들어 관리할 수 있다. 먼저 섹션을 만들기 위해 2개의 동영상을 앞서 학습한 방법으로 업로드해 놓는다.

2개의 동영상을 더 업로드한 모습

* 업로드는 2개 이상의 파일을 한 번에 할 수도 있다.

[재생 목록 만들기]

먼저 재생 목록을 만들기 위해 상단 채널 아이콘을 클릭한 후 [YouTube 스튜디오]를 선택한다.

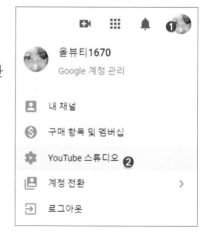

유튜브 스튜디오가 열리면 왼쪽 메뉴 항목에서 [재생 목록]을 선택한다.

채널 재생 목록이 열리면 오른쪽 상단에 있는 [새 재생 목록]을 선택한다.

채널 재생목록 　　　　　　　　　　　　　　　　　　　　　　　[새 재생목록]

≡ 필터

재생목록　　　　　　　　　　　공개 상태　　　　최종 업데이트　　　동영상 개수

재생목록이 여기에 표시됩니다.

적당한 재생 목록 제목 눈 메이크업 강의을 입력하고 공개 상태는 [공개]로 한 후 [만들기] 버튼을 클릭한다.

재생목록 제목(필수 항목)
눈 메이크업 강의 ❶
9/150

공개 상태
공개 ❷

취소　만들 ❸

채널 재생 목록에 새로운 재생 목록이 등록되면 동영상을 추가하기 위해 추가된 재생 목록을 선택한다.

[●●●] 모양의 플라이 아웃 메뉴에서 [동영상 추가] 메뉴를 선택한다.

- 플라이 아웃 메뉴에서는 다른 관리자와 공동 작업을 할 수 있게 해주는 [공동 작업], 재생 목록 설정 및 재생 목록 삭제할 수 있는 메뉴를 제공한다.

재생 목록에 동영상 추가 창이 열리면 자신의 유튜브 채널에 있는 동영상을 재생 목록에 추가하기 위해 [내 YouTube 동영상] 항목을 선택한다.

1. **동영상 검색**: 자신의 채널과 상관없는 유튜브에 있는 동영상을 검색하여 자신의 재생 목록에 추가할 때 사용한다.

2. URL: 자신의 채널과 상관없는 인터넷상에 있는 동영상 주소를 입력하여 자신의 재생 목록에 추가할 때 사용한다.

내 유튜브 동영상에 있는 동영상들이 나타나면 현재의 재생 목록에 추가한 동영상을 선택한 후 [동영상 추가] 버튼을 클릭한다. 필자는 첫 번째로 만든 [EP.01 데일리 메이크업_01]을 추가하였다.

왼쪽 메뉴 항목으로 보면 새로 추가된 재생 목록[눈 메이크업 강의]이 보이고 재생 목록에서는 방금 추가한 동영상이 등록된 것을 알 수 있다.

이와 같은 방법으로 2개의 재생 목록을 추가한 후 추가된 재생 목록에 업로드된 2개의 동영상을 각가 추가해 놓는다.

2개의 재생목록과 동영상이 추가된 모습

[섹션 추가하기]

이제 섹션을 추가하고 추가된 섹션에 재생 목록을 추가하는 방법에 대해 알아보자. 앞서 열어 놓았던 유튜브 스튜디오의 왼쪽 메뉴 항목 중 [맞춤 설정]을 선택하여 채널 맞춤 설정 페이지를 열어 준다. 그다음 [섹션 추가]를 선택한다.

메뉴가 열리면 하나의 재생 목록만 추가하기 위해 [단일 재생 목록]을 선택한 후 3개의 재생 목록 중 하나눈 메이크업 강의를 선택한다.

그러면 단일 재생 목록에 방금 선택한 재생 목록이 적용된 것을 알 수 있다. 이제 섹션에 게시하기 위해 상단 [게시] 버튼을 클릭한다.

이제 새로 추가된 섹션을 채널 메인 화면에서 확인해 보기 위해 [채널 아이콘] - [내 채널]을 선택한다. 메인 화면이 열리면 아래쪽에 새로운 섹션이 생성된 것을 알 수 있다. 이와 같은 방법으로 하나의 채널에 여러 가지의 섹션을 만들어 놓으면 콘텐츠 장르를 구분하여 관리할 수 있다.

알아두기

동영상 삭제하기

잘못된 동영상이나 불필요한 동영상은 삭제해야 한다. 동영상 삭제는 유튜브 스튜디오의 [콘텐츠] 메뉴 항목에 있는 동영상 목록에서 삭제하고자 하는 동영상의 [옵션] 메뉴에서 [완전 삭제] 메뉴로 가능하다.

Chapter 07
구독자 불러 모으기

콘텐츠 기획, 촬영, 편집에 이어 유튜브 채널을 만들고 관리하는 방법까지 살펴보았다. 이제 자신의 채널을 많은 사람이 보고 구독하게 하는 과정과 유튜브 채널을 통해 수익을 창출할 수 있는 방법들에 대해 알아보자.

1. 시청자를 부르는 업로드 기술

우리가 구독자를 필요로 하는 이유는 두 가지다. 하나는 내가 만든 콘텐츠를 쓸모 없는 쓰레기로 전락시키지 않기 위함이고, 다른 하나는 자신의 만든 콘텐츠로 돈을 벌기 위함, 즉 자신의 채널을 통해 유튜버란 직업으로 평생 살아갈 수 있으면 하는 바람 때문일 것이다. 유튜버로 살아남기 위한 첫 번째 과제는 우연이라도 유튜브 메인 화면이 포착된 자신의 콘텐츠를 클릭할 수 있게 해주는 썸네일미리보기 이미지 디자인과 감작적인 서브젝트주제 및 카피이다.

1.1 디자인으로 유혹하기

정말 유튜브에서 디자인만으로도 시청자를 끌어모을 수 있을까? 유튜브에서의 디자인이라 함은 촬영과 편집이 포함될 수 있겠지만, 촬영과 편집은 콘텐츠 자체에 가깝기 때문에 디자인이라고 정의하기 어렵다. 그렇다면 유튜브에서 디자인은 무엇이 있을까? 썸네일이 바로 유튜브에서의 디자인 개념이라고 볼 수 있을 것이다. 서점에서 책을 고를 때 책의 표지와 제목 그리고 소개 글, 즉 카피에 관심이 생겼을 때 비로소 그 책을 선택하게 된다. 이처럼 썸네일도 책의 표지와 같기 때문에 어떻게 디자인하느냐에 따라 시청자에게 선택받느냐 외면당하느냐가 결정되는 것이다. 자신이 만든 콘텐츠를 시청자에게 외면 당하지 않기 위해서는 썸네일 디자인에도 많은 신경을 써야 할 것이다.

1.1.1 눈길을 사로잡는 장면 포착하기

만약 자신 직접 썸네일 디자인을 하기 어려운 상황이라면 업로드된 동영상에서 최적의 장면을 하나를 선택하는 것으로 만족해야 한다. 물론 클릭하고 싶은 욕구를 만드는 서브젝트주제는 필수적이다.

다음 4개의 썸네일은 단순히 장면에서 시청자들의 눈길을 끌만한 장면을 썸네일로 사용한 예이다. 물론 이 썸네일들은 유명한 유튜버 채널일 수도 있지만, 중요한 건 장면 하나만으로도 시선을 끌 수 있다는 것이다.

쯔양

시고르박

KBS Kpop

한세

위에서 살펴본 4개의 썸네일에 대한 서브젝트는 다음과 같다.
- **쯔양**: 짜장면, 탕수육 1인분 먹방
- **시고르박**: 귀여운 인절미시고르자브종
- **KBS Kpop**: 잔나비 - 주저하는 연인들을 위해
- **한세**: 구름빵 만들기

　　장면으로 시선을 끄는 것에 한계는 분명 있다. 그렇기 때문에 장면과 더불어 반드시 클릭할 수밖에 없게 만드는 서브젝트와 카피를 만들어야 한다. 다음 4개의 썸네일은 장면보다 서브젝트와 카피가 궁금증을 유발하게 만든다.

노컷브이

OBS ENT

이마트 LIVE

디씨멘터리

　　결국 시선을 끄는 썸네일은 일반적인 시청자의 관심사에 초점을 두는 것이 가장 중요하다는 것이다. 그러므로 좋은 디자인과 서브젝트를 위한 노력이 필요하다. 이것은 1인 크리에이터인 유튜버에게 반드시 요구되는 능력이다.

1.1.2 눈에 띄는 썸네일 만들기

1. 히트필름에서 썸네일(미리보기) 이미지 만들기

　　히트필름에서 썸네일 이미지를 만들기 위해서는 원하는 장면을 찾아준 후 타임라인 오른쪽 상단의 [Export] 메뉴에서 [Frame]을 통해 만들어 줄 수 있다. Export Frame 창이 열리면 [Select Folder] 버튼을 클릭한 후 원하는 위치(폴더)를 선택한다.

다시 익스포트 프레임 창으로 돌아오면 [OK] 튼을 클릭하여 이미지 파일로 만들어 준다.

2. 미리 캔버스를 활용한 썸네일 디자인하기

앞서 무료 디자인 툴 캔바를 통해 채널 아이콘과 채널 아트를 제작해 보았다. 이번에는 또 다른 무료 디자인 툴인 [미리캔버스]를 이용하여 썸네일을 제작해 볼 것이다. 인터넷 주소창에 www.miricanvas.com를 입력하여 미리 캔버스 웹사이트를 열어 준다.

회원 가입은 이름, 이메일, 비밀번호를 통해 새로 가입할 수 있지만 이번에도 SNS 계정을 이용하여 회원 가입을 해준다. 필자는 구글 계정을 선택하였다.

이제 [로그인 유지하기] 버튼을 클릭하여 로그인한다.

내 디자인 문서 페이지가 열리면 템플릿을 통해 만들어 주기 위해 [템플릿]에서 [유튜브 / 팟빵 썸네일]을 선택한다.

적당한 템플릿을 찾았다면 클릭한 후 [이 템플릿 사용하기] 버튼을 선택한다.

템플릿이 열리면 불필요한 이미지와 글자, 배경을 그림처럼 삭제Delete한다.

이제 배경에 사용할 이미지를 가져오기 오기 위해 앞서 히트필름에서 만든 이미지를 끌어다
그림처럼 썸네일 배경에 갖다 놓는다.

방금 적용된 이미지의 크기를 썸네일 크기에 맞게 조절한 후 이미지 위에서 [오른쪽 마우스 버튼] - [배경으로 만들기] 메뉴를 선택하여 썸네일 배경으로 만든다.

3. 궁금증을 유발하는 텍스트 만들기

이번에는 한 번 보면 클릭할 수밖에 없는 서브 젝트와 카피를 만들어 보자. 먼저 가운데 분홍 색 서브젝트를 [연애운이]라고 수정한 후 글자 입력 박스를 키워준다. 필자는 템플릿 글자를 그대로 응용해 보았다.

서브젝트가 수정되었다면 카피를 [새해], [들어오 는 메이크업]이라고 수정한다. 그다음 위치와 크기를 그림처럼 설정한다.

- 감각적인 카피 만들기 위한 7가지

  1. 공감대를 끌어내자.

  2. 타깃을 명확하게 하자.

  3. 공포나 불안감을 일으키자(어그로).

  4. 숫자가 가지는 구체성을 활용하자.

  5. 상품의 특징보다는 관심사 표현하자.

  6. 간편함을 표현하자.

  7. 호기심을 자극하자.

이제 제작된 썸네일을 이미지 파일로 만들어 주기 위해 위쪽에 있는 [다운로드] 버튼을 클릭한 후[고해상도 다운로드] 버튼을 눌러 파일로 만들어 준다.

마지막으로 [다운로드] 버튼을 눌러 다운로드 받는다.

4. 유튜브 채널에 업로드하기

이제 앞서 제작한 썸네일 이미지를 동영상의 썸네일로 업로드하기 위해 [유튜브 스튜디오]로
들어간다. 그다음 [콘텐츠] 메뉴 항목
에서 썸네일을 바꾸고자 하는 동영상
을 클릭한다.

동영상 세부 정보 페이지가 열리면 [미리보기 이미
지 업로드]를 클릭한다. 액세스 권한 받기 창이 열
리면 [인증]한다.

● 이미 액세스 권한 받기를 하였다면 이 과정을 불필요하다.

계정 확인(1/2단계)에서 인증 코
드를 [문자 메시지로 받기]로
하고 전화번호를 입력한 후
[제출]한다.

계정 확인(2/2단계)에서 휴대폰으로 받은 인증번호 6자리를 입력한 후 [제출]한다.

다시 [미리보기 이미지 업로드] 버튼을 클릭하여 다운로드받았던 썸네일 이미지를 가져온다. 필자는 앞에서 다운로드받은 썸네일 이미지의 이름과 위치를 바꿔 놓은 상태이다.

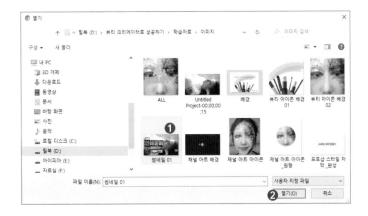

썸네일이 적용되는 게시를 하기 위해 [저장] 버튼을 클릭한다. 이것으로 썸네일을 제작하여 업로드하는 방법까지 살펴보았다. 살펴본 것처럼 썸네일은 본 동영상에서 추출된 장면이 아니더라도 콘텐츠와 관련이 있다면 별도의 이미지를 사용하는 것도 좋은 방법이다.

2. 시청자는 어디 있나요?

초보 유튜버가 운영하는 채널에는 몇 안 되는 구독자가 전부일 것이다. 그렇다면 수백, 수천만 구독자들은 어디에서 무엇을 시청하고 있길래 자신의 채널에는 파리 한 마리도 들어오지 않는가? 채널을 만들고 콘텐츠를 업로드하였다고 모르는 사람들까지 벌떼 모이듯 모이는 것이 아니기 때문에 우리는 시청자 유입을 위한 세밀한 전략을 세워야 한다. 그 방법은 단 하나, 시청자를 위한 지속적인 콘텐츠 개발과 끊임없이 독자들에게 다가가 소통하는 것뿐이다.

2.1 유튜브 마케팅의 비밀

지금은 유튜브에서 키워드를 적고 해당 영상을 찾아보는 시대이다. 유튜브는 정보 검색을 위해 시선을 끌고 정신 없는 일상 속 잠시 한숨 돌리는 시간 속에서 우리의 흥미와 재미라는 욕구를 당기는 매력적인 채널이 되었다. 영상이라는 포맷으로 사용자의 욕구를 자동으로 읽어내는 유튜브만큼 관심attetion을 끌어내는 강력한 플랫폼은 없다. 이것이 젊은 층에서 '갓튜브'로 부르는 이유에 대한 반증이다.

와이즈앱 분석

2.1.1 일관성과 지속성

바빠서, 아파서, 장비가 없어서 온갖 핑계를 대며 유튜브를 가장 다음 순으로 밀어내는 것이 아닌, 또 구독자 수가 한 자릿수임에도 아랑곳하지 않고 꾸준히 일정한 시간에 업데이트가 이루어져야 한다. 일주일 특정 요일, 특정 시간에 하나씩 꼭 업데이트를 한다는 룰rule을 정하고 지키도록 노력한다. 그렇지 않으면 나의 채널은 쉽게 잊혀 버릴 것이다.

유튜브는 단기전이 아닌 장기전! 콘텐츠를 올리면서 "아, 이렇게 내용을 다 오픈해도 되나?" 걱정스러운 마음으로 사람들이 많이 볼 것을 기대하며 영상을 올리게 된다면 조회 수와 더딘 구독자 수에

금새 실망하고 힘든 영상 촬영과 편집에 지쳐버릴 수도 있다. 하나의 콘텐츠에 너무 많은 시간과 비용을 투자하기보다는 제작 시간과 비용을 낮추고 다양한 콘텐츠를 올리며 구독자의 반응을 살피는 작업이 초기에는 가장 필요하다. 유난히 반응이 좋은 콘텐츠가 있다면 이를 좀 더 확장하여 콘텐츠를 기획하며 지속성을 만들어나간다.

2.1.2 상호작용

카페, 블로그, 인스타, 페이스북 등과 같은 SNS 채널에서도 공통적으로 말하고 있는 요소이다. 나를 위한 콘텐츠가 아닌 사용자들의 호기심과 공감을 이끌어내는 콘텐츠를 바탕으로 소통이 이루어지는 것, 댓글을 달아준 분들에게 답변을 하고 그들의 채널을 찾아다니면서 영상에 대한 피드백을 하는 것, 물론 시간과 정성이 들어가는 일이다. 초반에 구독자를 늘이기 위해 열심히 이 단계를 거치고 채널이 어느 정도 커지고 댓글이 너무나 많아짐으로 해서 이러한 소통을 멈출 경우, 나의 채널을 애정하던 사람들은 쉽게 돌아설지도 모른다.

소비자들에게는 정보가 넘치고 내가 원하는 정보를 찾아서 소비할 수 있게 된 영리한 소비자들에게는 정보의 퀄리티보다는 '신뢰'가 필수이다. 얼굴을 보지 않고, 영상을 통해서 단기간에 신뢰를 쌓을 수 있는 방법이 바로 '소통'이다.

2.1.3 진성성(진솔, 유머)

배달의 민족은 10초라는 짧은 영상에 감칠맛 나는 카피라이트를 엮어서 광고를 만들어 내고 있다. 풀 메이크업보다는 헝클어진 머리에 쌩얼로 마치 내가 지금 이 영상을 침대에서 누워서 반쯤 감긴 눈으로 보고 있는 것처럼 유튜브에 있는 사람들에게도 가식 없는 진솔하고 자연스러운 모습을 기대하고 그 어눌함에 더 친밀감을 느끼게 된다.

2.1.4 협업

혼자서의 힘이 약하다면 누군가와 같이 해서 관계를 만들어 나가면 그 힘은 커진다. 기업의 입장에서도 채널 성격이 관계가 있다면 구독자들이 만나고 싶어하는 크리에이터를 선별해 협업을 이끌어 나가기도 한다.

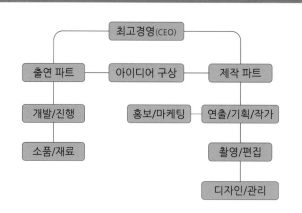

2.2 SNS를 활용한 시청자 유입 전략 세우기

만약 마케팅을 위한 자본에 여유가 있지 않다면 개인적인 초보 유튜버가 단기간에 시청자를 불러 모으기 위한 수단은 SNS_{블로그, 페이스북, 인스트그램 등}을 활용한 콘텐츠 공유가 유일하다. 지금 자신이 운영 하는 SNS가 없다면 지금 당장 만들어 새로운 사람들과 소통을 시작해야 할 것이다. 이것은 굉장히 귀찮고 피곤한 일일지도 모른다. 하지만 자신의 퍼스널 브랜딩[1] 유튜브 콘텐츠를 시청하게 하기 위해 서는 이 방법이 최우선이다.

- SNS 마케팅은 결국 소통과 기다림, 인내란 고통 속에서 핀 꽃의 결정체이다.

2.2.1 페이스북 활용하기

페이스북은 국내에서 가장 많이 사용되는 SNS이다. 페이스북은 주로 뉴스피드_{게시판}에 자신의 일상 의 이야기나 정보를 친구_{지인}들과 공유하면서 대화를 하거나 새로운 친구들을 만나는 용도로 사용되 며, 유튜브와 인스타그램에서 자연스럽게 연동_{공유}할 수 있어 간편하게 마케팅 효과를 볼 수 있다. 그 런데 페이스북 플랫폼에서의 마케팅은 페이스북 자체에 있는 것이 아니다. 그렇다면 페이스북 마케팅 은 무엇일까? 페이스북 마케팅은 바로 사람 안에 있다. 사람과의 소통과 공감이 바로 마케팅인 것이다.

---

1) 퍼스널 브랜딩은 자신을 브랜드화하는 것을 말하는데, 유튜버 등의 1인 크리에이터가 퍼스널 브랜드의 대표적인 예이다.

1. 페이스북에서의 기업 마케팅

페이스북 사용자가 기하급수적으로 늘어나면서 페이스북을 통한 마케팅 전문기업의 움직임이 활발하다 못해 눈에 거슬릴 정도로 페이스북 게시판을 잠식해 나가고 있다. 그중 마케팅 시대에 부응하듯 50% 정도가 마케팅 기업의 마케팅 광고이다. 이처럼 마케팅은 유튜브 콘텐츠 홍보를 위해서도 중요한 수단이 되어 가고 있다. 하지만 마케팅 기업의 마케팅은 소통과 공감을 기본으로 하는 페이스북에서는 크게 마케팅 효과를 끌어내기 어렵다. 물론 마케팅하고자 하는 분야에 따라 다르겠지만, 유튜브 콘텐츠를 마케팅 기업에 의해 페이스북에서 알

리고자 하는 것은 성공보다는 패배의 쓴맛을 볼 가능성이 높다는 것이다. 다음 3개의 이미지는 페이스북 내에 게시된 마케팅 광고이다. 공감을 해주는 [좋아요], [댓글], [공유하기]가 생각보다 많지 않다는 것을 알 수 있다.

2. 페이스북에서는 소통이 곧 마케팅

페이스북 내에서의 마케팅은 사람 그 자체이기 때문에 긴 시간 동안의 소통을 통해 충분히 신뢰를 쌓은 후에 그 효과를 발휘할 수 있다. 다음 3개의 이미지는 개인이 게시한 게시물이다. 자신의 홍보물도 있고 사진 및 캠페인도 있다. 이 서로 다른 의미를 가진 게시물들의 공감대는 기업형 게시물보다 훨씬 많은 관심을 받고 있다는 것을 알 수 있다.

이렇듯 페이스북에서의 마케팅은 마케팅을 위한 마케팅이 아닌 소통과 소통 속에서 쌓은 신뢰가 곧 마케팅인 것이다.

3. 페이스북 마케팅을 위한 6가지

① 충분히 소통할 것: 소통은 자신을 타인에게 타인은 자신을 알 수 있게 해주는 가장 중요한 방법이다.

② 감성적으로 다가설 것: 빨리 친해지기 위해 무리하게 접근한다면 오히려 상대에게 쉴드 Shield 당할 가능성이 높기 때문에 상대의 감성을 파악하여 유연하게 다가서야 한다.

③ 공감하게 할 것: 모르는 상대에게 다가서기 위한 감성법으로는 상대방의 게시물을 꼼꼼히 살펴본 후 마음에서 우러나는 마음으로 댓글을 다는 것이다. 이것이 상대의 마음을 사로잡는 가장 확실한 방법이다.

④ 감동하게 할 것: 페이스북 같은 SNS는 자신의 게시물을 타인으로부터 공감받고 싶어 하는 심리적 측면이 강하다. 나아가 타인이 생각지도 못했던 시선으로 타인의 게시물을 바라봐 준다면 크게 감동받게 된다.

⑤ 품앗이할 것: 품앗이는 SNS에서의 에티켓이다. 이러한 Give and Take 기브앤테이크는 왕성한 소통의 토대가 된다. 자신의 이야기만 잔뜩 꺼내어 놓는다면 상대방은 서서히 멀어져 가게 된다. 그러므로 자신이 꺼내 놓은 만큼 타인의 이야기에도 귀를 기울여야 한다.

⑥ 끝없이 문을 두드릴 것: 타인의 게시물에 많은 좋아요와 댓글을 남겨도 정작 자신의 게시물에는 품앗이해 주지 않는 타인을 절대로 탓하지 말고, 계속 문을 드려야 할 것이다. 이것은 타인이 자신에게 관심이 없는 게 아니라 페이스북에서 알게 된 낯선 사람을 관찰하고 있을 가능성이 높기 때문이다. 그러니 타인의 집에 문이 열릴 때까지 문을 두드려야 할 것이다.

4. 페이스북 페이지 만들기

페이스북 페이지는 페이스북과는 다르게 기업이나 콘텐츠의 마케팅이나 홍보를 위해 사용된다. 그 이유는 페이스북 자체에서 수용할 수 있는 친구를 5,000명으로 제한하였기 때문에 대대적인 홍보 수단보다는 소소한 정보 교환이나 친목을 위해 사용할 수밖에 없다. 그러므로 페이스북을 통한 마케팅을 본격적으로 하고자 한다면 바이럴 마케팅[2] 효과를 위해 페이스북

---

2) 바이러스(virus)라는 의미로 사람들을 통해 바이러스처럼 퍼져나가는 마케팅 방식이다. SNS는 이러한 바이럴 마케팅 속성을 최대한 활용하였을 때 효과를 볼 수 있다.

페이지를 만들어 활용하는 것이 좋다.

● 다음은 페이스북 계정을 가지고 있다는 가정하에 설명하였다. 만약 페이스북 계정이 없다면 유튜브 계정 및 채널을 만들 때처럼 페이스북 계정을 만들어야 한다.

알아두기

페이스북 페이지 구성 요소

• 좋아요 버튼: 페이스북 페이지에서의 "좋아요"는 팬이 되겠다며 신청하는 의미이고, 신청자의 뉴스피드(게시판)에 자동으로 글이 올라가게 된다.

• 포스트 작성 영역: 새로운 소식이나 사진 및 동영상을 댓글로 게시할 수 있는 공간이다. 이곳에 게시된 내용들은 신청자(팬)의 뉴스피드에 표시된다.

페이스북 페이지를 만들기 위해서는 상단 페이스북 로고를 클릭하여 페이스북 메인 페이지로 이동한 후 [페이지] 메뉴 항목을 클릭한다.

페이지로 이동하면 [새 페이지 만들기] 메뉴를 선택한다.

페이지 만들기가 열리면 페이지 이름, 페이지 카테고리_{분야를 입력}
_{하면 관련 분야가 뜨는데, 여기에서 해당 분야를 선택하면 됨}를 3개 선택한 후 페
이지 설명을 입력한다. 모든 정보를 입력하였다면 [페이지 만들
기] 버튼을 클릭한다.

페이지 설정에서는 유튜브 채널
을 만들 때처럼 자신의 프로필_채
_{널 아이콘}과 커버 사진_{채널 아트}을 추
가하면 된다. 추가하였다면 [저
장] 버튼을 클릭한다.

그러면 그림처럼 페이스북 페이지가 생성
된다. 보이는 것처럼 페이스북 페이지는 자
신(기업)의 제품이나 콘텐츠를 홍보하고 공유
하는 마케팅을 위해 사용한다는 것 이외
엔 페이스북과 차이가 거의 없다.

생성된 페이스북 페이지

여기에서 잠깐 자신의 페이지를 홍보할 수 있는 방법에 대해 알아보자. 아래쪽 [홍보하기] 버
튼을 클릭한다. 그러면 홍보하기 페이지가 열리는데, 목표 선택에서 [페이지 홍보하기]를 선택
한다.

- 페이지 홍보하기에서는 웹사이트 방문자 늘리기, 메시지 수신 늘리기, 잠재 고객 늘리기
  등 다양한 홍보 수단을 활용할 수 있다. 보다 세부적인 페이스북, 페이지 마케팅에 대해서
  는 관련 서적을 참고하기 바란다.

페이지 홍보에 [동의]하면 페이지 홍보하기 페이지가 열리는데, 확인해 보면 자신의 페이지를
홍보하기 위한 비용이 든다는 것을 알 수 있다. 이처럼 페이스북은 대부분의 홍보 기능이 유

료화되어 있기 때문에 비용을 절감하기 위해서는 스스로 뛰어다니는 수밖에 없다. 확인하였다면 상단 [X] 버튼을 눌러 홍보하기 페이지를 닫는다.

확인 메시지 창에서 [예] 버튼을 누르고, [←] 뒤로가기 버튼을 눌러 페이스북 페이지 메인으로 이동한다.

페이스북 페이지에서 돈 1도 안 들이고 자신의 페이지를 홍보할 수 있는 방법은 자신의 페이스북 친구들을 초대하는 것뿐이다. [친구에게 페이지 좋아요를 요청해 보세요]에서 초대할 친구를 찾아 [요청] 버튼을 누르면 해당 친구에게 전달되며, 요청을 받은 친구는 이 요청을 수락할 가능성이 높지만 친밀한 관계가 아니라면 거부할 수도 있다는 것을 명심하자.

- 페이스북 페이지는 관리하는 것은 결코 쉬운 일이 아니므로 철저한 준비와 꾸준하게 유지할 수 있는 인내심이 필요하다는 것을 잊지 말자.

2.2.2 인스타그램 활용하기

인스타그램은 페이스북에 이어 두 번째로 많이 사용되는 SNS이다. 인스타그램은 주로 자신의 사진 및 동영상을 업로드하여 관리하거나 공유하기 위해 사용된다. 그러므로 소통을 목적으로 하는 페이스북보다 개인적인 성향으로 사용하는 경향이 두드러진다. 하지만 최근에는 퍼스널 블랜딩을 위한 목적과 기업과 제품 홍보를 위한 목적으로 바뀌고 있다. 인스타그램에 포스팅된 게시물사진, 동영상은 곧바로 페이스북과 연동공유할 수 있어 간편하게 마케팅 효과를 볼 수 있으며, 해시태그를 통해 자신의 포스팅에 관한 정보를 누구나 쉽게 찾아 볼 수 있다. 이렇듯 인스타그램은 소통보다는 꾸준한 정보의 업데이트를 통해 고객을 유치하고 확장해 나갈 수 있다는 것이 페이스북과의 가장 큰 차이점이다.

1. 인스타그램 마케팅을 위한 5가지

① 페이지의 첫인상에 신경 쓸 것: 어떤 것에서든 첫인상은 중요하지만 특히 인스타그램에서의 첫인상에 영향을 주는 프로필 사진, 소개 글 그리고 가장 최근에 올라온 포스팅의 내용과 날짜를 중요시한다. 그러므로 프로필 사진은 가급적 신뢰감을 주는 깔끔한 사진이나 로고를 사용하는 것이 좋으며, 소개 글은 자신이 어떤 직업에서 어떤 일을 하고 있는지 요약해 놓아야 한다.

② 팔로워를 늘릴 것: 팔로워는 자신의 포스팅을 구독, 즉 볼 수 있는 사람이기 때문에 성공적인 마케팅을 위해서는 팔로워를 늘리는 데 주력을 다해야 할 것이다.

③ 팔로워에게 관심을 끄는 포스팅 할 것: 초기에는 팔로워가 많지 않지만 몇 안 되는 팔로워라도 그들에게 관심을 끄는 포스팅사진, 동영상 등의 콘텐츠을 하다 보면 팔로워의 팔로워들에게 자동으로 보이게 되므로 관심을 끌 수 있는 포스팅을 해야 한다.

④ 도움이 된다면 팔로우할 것: 팔로우는 팔로워와 반대로 자신이 타인의 인스타그램의 포스팅을 구독한다는 의미이다. 무분별한 팔로우는 불필요한 정보까지 수용해야 하므로 자신에게 도움이 된다면 주저하지 말고 팔로우하자. 팔로우를 통해 몇 배의 팔로워가 만들어질 수 있다.

⑤ 해시태그를 적절하게 사용할 것: 해시태그는 특정 관심 분야의 포스팅을 쉽게 찾아 볼 수 있게 해주는 하이퍼링크[3] 기술이다. 인스타그램에서는 해시태그를 통해 원하는 정보를 쉽

---

3) 하이퍼링크(hyperlink)는 컴퓨터에서 특정 문자나 그림에 다른 문서를 연결하여 클릭하면 이와 연결된 다른 화면으로 이동할 수 있게 설계한 기술이다.

게 찾을 수 있으므로 사람들에게 관심을 끌 수 있는 태시태그를 적절히 활용하면 포스팅을 보러 온 사람들을 자신의 팔로우할 수 있도록 할 수 있다. 이렇듯 해시태그는 인스타그램에서 인플루언서가 되기 위한 가장 중요한 수단이 될 수 있다.

2. 인스타그램서 계정 만들기(PC 버전)

인스타그램 계정을 만드는 것은 아주 쉽다. 페이스북 계정이 있다면 더더욱 간편하다. 인스타그램 계정을 만들기 위해 구글 Play 스토어에서 인스타그램을 검색하여 설치한다. 설치하게 되면 그림처럼 첫 화면에는 로그인 또는 회원 가입에 대한 메뉴가 나타난다. 이미 페이스북 계정이 있다면 Facebook으로 로그인을 이용하면 되지만, 여기에서는 별도의 인스타그램 계정을 만들어 보자. 네이버나 다음에서 인스타그램을 검색하여 인스타드램 웹사이트로 들어간 후 신규 가입을 하기 위해 [가입하기] 버튼을 클릭한다.

새로운 인스타그램 계정을 만들기 위해 이메일 주소, 이름, 사용자 이름영문 계정 이름, 비밀번호를 입력한 [가입] 버튼을 클릭한다.

생년월일 정보를 입력한 후 [다음] 버튼을 클릭한다.

인증 코드 입력 페이지가 열리면 앞서 작성한 이메일로 들어간다. 그러면 인스타그램에서 보내온 6자리 인증 코드가 있을 것이다. 이제 6자리를 입력_{복사 후 붙여넣기 해도 됨}한 후 [다음] 버튼을 클릭한다.

알림 설정창이 열리면 자신의 인스타그램에 새로운 소식이 왔을 때 알림을 받기 위해 [설정]을 클릭한다.

알림 표시를 [허용]한다. 이것으로 인스타그램의 계정이 생성되었다.

인스타그램 첫 페이지에서는 인스타그램을 가지고 있는 사람들을 소개하는데, 관심이 있는 사람이 있다면 [팔로위]하면 된다.

이제 자신의 인스타그램의 프로필을 추가해 보자. 상단 둥근 모양의 프로필을 클릭한 후 [프로필] 메뉴를 선택한다. 프로필 설정창이 열리면 앞서 유튜브와 페이스북의 프로필에 사용된 이미지를 추가하기 위해 [프로필 사진 추가] 버튼을 클릭한다.

열기창이 열리면 [학습자료] - [이미지] 폴드에 있는 [ALL] 이미지 파일을 가져와 적용한다.

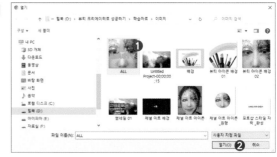

이제 프로필 사진이 추가되어 자
신의 프로필이 담긴 인스타그램이
완성되었다. 이제부터는 스마트폰
의 인스타그램을 통해 사진 및 동
영상을 올리고 관리해 보자.

- PC 버전의 인스타그램은 프로필 사진과 설정은 가능하지만 사진 및 동영상을 포스팅을
할 수 없으므로 스마트폰(안드로이드, 아이폰)에 설치된 인스타그램을 사용하여 포스팅을 해야
한다.

3. 프로필 완성 하기(안드로이드 버전)

이제 완성되지 않은 프로필 소개를 안드로이드 버전에서 해보
도록 하자. 인스타그램을 실행하면 홈 화면이 나타나는데, 프
로필 편집을 위해 오른쪽 하단의 프로필 사진을 클릭한다.

프로필 소개를 추가하기 위해 [소개
추가] 버튼을 누른 후 적당한 소개
글을 입력한 후 [V] 버튼을 클릭한다.

- 프로필 편집에서는 그밖에 자신의 계정 이름, 프로필 등을 수정할 수 있다.

4. 인스타그램 해시태그 활용하기

인스타그램에서의 해시태그는 자신만의 일상이나 관심사를 담아내는 문화로 사용되는데, 예
를 들어 음식을 먹는 장면이나 맛집 등을 촬영해 포스팅할 때는 '#먹스타그램', '#맛스타그램'
과 같은 해시태그를 붙인다. 그러면 자신이나 다른 사람들이 해시태그가 붙은 단어를 검색하
면 관련 게시물이 검색되기 때문에 인스타그램에서는 해시태그를 빼놓을 수 없는 문화가 된
것이다. 해시태그는 이제 인스타그램을 넘어 다른 SNS에서도 흔히 사용되며 그 영역은 기하
급수적으로 확대되고 있으며 해시태그를 활용한 마케팅도 활발해졌다.

〈인스타그램에서 첫 포스팅하기〉

이번에는 인스타그램에서 포스팅하는 방법과 포스팅할 때 해시태그를 작성하는 방법에 대해
알아보도록 한다. 화면 하단의 [+] 모양의 포스팅 버튼을 클릭한 후 갤러리가 열리면 핸드폰
에 있는 사진 및 동영상을 포스팅할 수 있다. 일단 하나의 동영상 파일을 선택한 후 오른쪽
상단의 [→] 버튼을 클릭한다.

- PC 프로그램(히트필름)에서 편집한 동영상을 스마트폰의 인스타그램에 포스팅하기 위해서는 먼저 포스팅하고자 하는 동영상을 스마트폰에 옮겨 놓아야 하며, 또한 카카오톡과 같은 메신저 프로그램에서 동영상을 보낸 후 공유 기능으로 포스팅할 수도 있다.

공유 옵션이 열리면 짧은 동영상과 긴 동영상 중 1분이 넘는 동영상이라면 [긴 동영상]을 체크한 후 [계속하기] 버튼을 클릭한다. 커버 사진 설정창이 열리면 오른쪽 상단 [다음] 버튼을 클릭한다.

- 갤러리에서 추가 기능을 활용하면 동영상의 특정 장면(프레임)을 이미지 파일로 갤러리에 추가할 수 있다.

새로운 IGTV 동영상 설정에서 적당한 제목과 소개 글을 입력한 후 [IGTV에 게시] 버튼을 클릭하여 포스팅한다.

포스팅이 완료되면 그림처럼 포스팅된 모습이 나타나고 재생하여 확인하고 "좋아요", "댓글", 팔로워가 있다면 "메시지"를 보낼 수 있다.

〈해시태그 작성하기〉

앞서 포스팅할 때 소개 글에 해시태그를 붙이지 않았으므로 포스팅 수정 기능을 통해 해시태그를 작성해 보자. 오른쪽 상단의 플라이 아웃 메뉴 ⋮ 메뉴를 클릭한 후 [수정] 메뉴를 선택한다.

- 플라이 아웃 메뉴에서는 다른 SNS나 웹사이트에 공유하기 위한 [링크 복사], [공유하기] 등의 메뉴를 사용할 수 있다.

정보 수정 페이지가 열리면 소개 글에서 앞서 입력한 아랫줄에 샵#을 먼저 입력한 후 단어를 입력한다. 그러면 입력된 단어와 연관된 해시태그 목록 정보이 나타난다. 이 정보를 통해 현재의 해시태그가 얼마나 많이 사용되고 있는지 알 수 있다. 여러 개의 해시태그를 사용하기 위해 한 칸 띄운 다름 또 다른 해시태그와 단어를 입력한다. 해시태그 입력이 끝나면 [V] 적용 버튼을 클릭하여 등록한다. 필자는 맨 마지막에 [#이용태작가]라는 해시태그를 입력하였다.

수정 등록된 게시물을 보면 아래쪽에 방금 포함된 해시태그가 나타나는 것을 알 수 있다. 이제 이 해시태그 중 하나를 클릭해 보면 해당 해시태그와 연관된 게시물이 열릴 것이다.

#셰도우 관련 해시태그 게시물

여기에서 [최신 게시물]로 이동해 보면 앞서 포스팅된 동영상이 첫 번째 게시물에서 확인할 수 있다. 이렇듯 인스타그램에서는 해시태그를 통한 검색이 활발하기 때문에 해시태그를 반드시 활용하고 꾸준한 게시물 관리가 필요하다.

〈검색기를 이용하여 해시태그 게시물 찾기〉

인스타그램 검색기를 통해 찾고 자 하는 게시물정보이 있다면 검 색기를 이용하면 된다. 물로 인 스타그램의 검색기는 모두 해시 태그 알고리즘[4]을 이용한다. 검 색기를 사용하기 위해 돋보기 모양의 [검색]을 선택한 후 위쪽 의 [검색]에서 [세도위]를 입력한 후 [#세도위]를 선택한다.

세도우로 검색된 결과를 보면 앞서 포스팅을 수정한 후 확인하 였을 때처럼 세도우 관련 게시물이 검색된 것을 알 수 있다. 그 러나 인기 게시물에는 필자가 게시한 게시물은 없다. 인기 게시 물 목록 중 상위에 있는 것은 대부분 인플루언스 게시물이기 때문이다. 앞으로 인기 게시물에 자신의 게시물이 올라갈 수 있 도록 최선을 다해 보자.

---

4) 알고리즘(algorithm)은 어떠한 주어진 문제를 풀기 위한 절차나 방법을 말하는데 컴퓨터 프로그램을 기술함에 있어 실행 명령 어들의 순서를 의미한다.

지금까지 SNS를 활용한 마케팅에 대해 알아보았다. 물론 여기에서 살펴본 것은 지극히 기본적인 방법들이기 때문에 보다 전문적인 마케팅을 위해서는 관련 서적을 통한 학습이 더 필요하다. 중요한 것은 게으름 피지 않고 꾸준한 소통과 관리가 성공할 수 있는 마케팅의 기본이라는 것을 잊지 말아야 할 것이다. 참고로 SNS는 페이스북과 인스타그램뿐만 아니라 블로그, 카카오스토리, 텔레그램, 밴드 등 다양하기 때문에 이 플랫폼에 대해서도 살펴보아야 한다. 자신의 콘텐츠를 알리기 위해서는 수단과 방법을 가리지 않아야 하기 때문이다.

알아두기

유튜브 라이브 방송의 매력

유튜브 방송은 주로 업데이트된 동영상을 보는 것이지만 실시간 스트리밍 방송인 라이브로도 방송이 가능하다. 물론 유튜브 라이브 방송을 하기 위해서는 지난 90일간 실시간 스트리밍 제한을 받은 적이 없어야 하며 채널을 인증해야 한다. 또한, PC에서는 구독자 수와 상관이 없지만 휴대폰에서는 구독자가 1,000명 이상 되어야 한다. 유튜브에서 라이브 방송을 한다는 것은 동영상 피드와 채팅 등을 통해 시청자와 실시간으로 소통할 수 있다는 것과 실시간 현장의 모습을 생생하게 전달할 수 있다는 것이다.

스트리밍 방법 선택

- 📱 **모바일** 스마트폰 또는 태블릿에서 브이로그를 올리거나 빠르게 업데이트하기에 좋다.
- 📷 **웹캠** 웹캠을 사용하여 컴퓨터에서 빠르게 실시간 스트리밍을 할 수 있으며, 실시간 스트리밍을 하기 위해서는 웹캠이 있는 컴퓨터가 필요하다.
- **인코더** 인코더를 사용하면 게임플레이, 오버레이를 스트리밍할 수 있으며 프리앰프, 마이크, 카메라와 같은 하드웨어를 사용할 수 있다. 이 스트리밍 유형은 일반적으로 게임, 스포츠 이벤트, 연주회, 회의, 쇼핑, 강의 등에 사용된다.

유튜브 라이브 방송을 하는 방법은 [유튜브 스튜디오]로 들어간 후 위쪽 [실시간 스트리밍 시작] 버튼을 클릭하면 된다.

최초로 실시간 스트리밍을 사용하게 되면 최대 24시간이 걸릴 수 있다는 안내문이 나타나는데, 이 설정 시간이 지나면 곧바로 라이브 방송을 시작할 수 있다.

3. 수익 창출을 위한 것들

유튜브 채널을 운영한다는 것을 채널을 통해 수익을 창출할 수 있다는 매력이 있기 때문이다. 채널 운영만 잘 한다면 웬만한 직장인보다 훨씬 높은 수입을 얻을 수 있는데 그 단계까지 올라오기 위해서는 지속적인 콘텐츠 제작과 관리, 마케팅 이 수반되어야 한다. 채널을 시작한 후 수 개월이 지난 후 수익을 창출할 수 있는 조건이 되는 때가 오면 어떤 기분일까 상상하면서 포기하지 않고 달려가 보자.

3.1 무조건 1,000명은 넘겨라

유튜브에서 수익을 창출하기 위한 첫 번째 조건은 구독자가 1,000명이 넘어야 한다는 것이다. 하나의 콘텐츠로 아무리 많은 시청자가 오랫동안 시청하여도 1,000명이 안 되면 구글 애드센스 승인 조건이 되지 않기 때문에 수익을 얻을 수 없다. 그러므로 유튜브에서 수익을 창출하기 위해서는 먼저 무조건 1,000명의 구독자를 확보하기 위한 노력을 해야 할 것이다.

3.1.1 구글 애드센스 자격 조건

1. 구독자 1,000명 이상
2. 구독자가 시청한 동영상 재생 시간 4,000시간(년) 이상

3.2 수익 창출 기능 사용하기

애드센스 자격 조건이 되지 않지 않더라도 미리 수익 창출을 위한 설정을 해 놓는 것이 필요하다. 앞으로 콘텐츠 제작에 바빠지기 때문에 지금 시간이 날 때 해주길 바란다. 유튜브 스튜디오의 [수익창출]을 선택한다.

만약 [수익을 창출할 수 없습니다]라는 메시지가 뜬다면 구글유튜브에서 현재의 계정에 대한 정보를 인식할 수 없기 때문이다. 정보를 재설정하기 위해 [위치 업데이트]를 선택한다.

• 위의 메시지가 뜨지 않는다면 지금의 과정은 그냥 넘어가도 된다.

설정창의 기본 정보에서 거주 국가를 선택한 후 채널의 관련 키워드를 몇 개 입력한다. 그다음 [저장] 버튼을 클릭한다.

그러면 이제 정상적인 채널 수익 창출 상태로 돌아온 것을 알 수 있다. 애드센스 자격 조건이 되면 구글에서 알람을 받기 위해 [자격요건을 충족하면 알림 받기] 버튼을 클릭한다. 그러면 자격 요건이 되었을 때 자신의 이메일로 통보를 받게 된다.

3.3 구글 애드센스 신청하기

구독자가 1,000명, 연간 시청 시간이 4,000시간에 도달하였다면 [신청 자격요건을 충족하면 이메일을 보내드립니다]에서 [지금 신청하기]로 바뀐다. 신청하기 위해 이 버튼을 클릭한다. 그러면 [YouTube 파트너 프로그램 약관]이 나오는데, 모든 옵션을 체크한 후 [약관 동의]를 한다.

채널 수익 창출에 대한 3단계 설정창이 열리면 먼저 1단계의 [시작]을 선택한다.

1단계가 완료되면 2단계 구글 애드센스에 가입을 해야 한다. 2단계의 [시작] 버튼을 클릭한다.

2단계 설정창이 열리면 애드센스 계정에 대한 선택을 해야 하는데, 본 도서를 통해 학습을 하는 독자분들은 처음 유튜브를 시작하는 분들이므로 이전에 애드센스 계정이 없을 것이다. [아니오. 기존 계정이 없습니다]를 선택한 후 [계속] 한다.

계정 선택창이 열리면 애드센스 신청을 위한 계정을
선택한다.

● 애드센스 계정 신청 시 이미 신청하였던 계정을 선택하게 되면 문제가 될 수 있으므로 주의한다.

만약 유튜브 계정을 만들 때 자신의 생년월일 정보
가 기재되지 않았다면 다음과 같은 창이 뜨는데 [여기]
를 선택한 후 자신의 생년월일 정보를 입력하여 [업데이
트] 한다.

● 이전에 생년월일 정보를 누락하지 않고 제대로 기
재했다면 이 과정은 필요 없다.

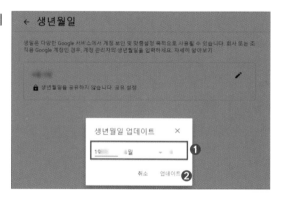

애드센스에 가입할 수 있는 상태가 되었다면 [지금 가
입하기] 버튼을 클릭한다.

구글 애드센스Google AdSense 가입창이 열리면 자신의 채널웹사이트 주소와 이메일 주소를 입력한다. 그다음 이메일로 애드센스 정보를 받을 수 있도록 [예, 맞춤 도움말 및 실적 개선 제안을…] 체크한 한 후 [저장하고 계속하기] 버튼을 클릭한다.

● 자신의 유튜브 채널 주소를 모른다면 [내 채널] 페이지의 상단 주소를 통해 확인할 수 있다.

🔒 youtube.com/channel/UCE6NfrvHBQGLnvaSE9zW3Sw

계속해서 이번에는 2단계 과정을 위해 [YOUTUBE 계속하기] 버튼을 클릭한다.

수취인 주소 세부 정보창이 열리면 개정 유형을 [개인]으로 한 후 이름, 전화번호, 주소를 정확하게 기재한 후 [제출] 버튼을 클릭한다.

- 계정유형: 개인
- 도, 도시: 해당 지역을 선택해서 입력
- 나머지 주소: 한글로 "주소 입력란 1"에 입력하거나 "주소 입력란 1"과 "주소 입력란 2"에 나눠서 입력
- 이름(예): 홍길동
- 우편번호: 5자리 입력
- 전화번호: 선택 사항

● 수취인 정보는 애드센스가 승인된 후 최종 애드센스 등록을 위한 종이에 인쇄된 [핀번호]를 우편으로 받아야 하므로 정확하게 기입해야 한다.

2단계 과정의 마지막인 호스트로 리
디렉션 시간이 몇 시간 정도 소요된다.

2단계가 완료되었다면 정상적으로 애드센스 계정
이 작동된다는 것이며, 3단계는 구글에서 심사를 하
는 단계이기 때문에 그냥 기다리면 된다.

3.4 애드센스 핀(PIN) 번호 등록하기

애드센스 핀 번호는 채널을 운영하여 광고 수익 누적금인 10달러가 넘으면 위에서 등록한 자신의
주소로 그림과 같은 구들 애드센스 우편물이 배송된다.

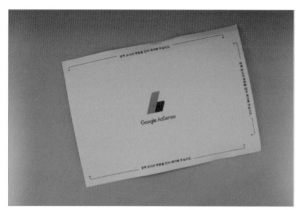

구글 애드센스 우편물 앞면

구글 애드센스 우편물 뒷면

애드센스 핀 번호

이제 받은 애드센스 핀 번호를 등록하기 위해 네이버나 다음에서 [구글 애드센스]로 검색하여 애드센스 웹사이트로 들어가 보면 그림처럼 상단에는 자신의 예상 수입과 잔고가 보이고 아래쪽에는 [할 일]이라는 제목과 청구서 수신 주소 확인과 핀PIN을 발송하였다는 내용의 창이 보일 것이다. [확인] 버튼을 누른다.

• 애드센스 웹사이트에 접속하기 전에는 자신의 구글이나 유튜브가 로그인되어 있어야 한다.

PIN 입력창이 열리면 내 PIN 입력 필드에 우편물로 받은 애드센스 핀 번호를 입력한 후 [제출] 버튼을 클릭한다.

핀 번호에 문제가 없다면 [PIN이 올바르게 입력됨]이란 메시지와 함께 인증되었음을 확인할 수 있는 메시지가 나타난다. 이것으로 애드센드 핀 번호의 등록이 끝났다.

3.5 수익금 받을 계좌 등록하기

이제 마지막으로 100달러가 넘었을 때 지급되는 수익금을 받을 계좌를 등록하는 일만 남았다. 지급받을 계좌를 등록하기 위해 [지급] 메뉴를 클릭한다.

결제 수단 추가창이 열리면 계좌로 받기 위해 [새 은행 송금 세부정보 추가]를 체크한 후 [저장] 버튼을 클릭한다.

새 은행 송금 세부 정보 추가 창이 열리면 그림처럼 예금주 이름영문, 은행 이름영문, 계좌번호 - 없이를 입력하고 [기본 결제 수단으로 설정]을 체크한 후 [저장] 한다.

- **수취인 ID**(선택사항): 자신의 유튜브 아이디를 입력하는 곳으로 입력하지 않아도 됨.
- **예금주의 이름**: 영문으로 입력 함. 예LEEYONGTAE 띄어쓰기 안 해도 됨.
- **은행 이름**: 영문으로 입력
- **SWIFT 은행 식별 코드**(BIC): 선택한 은행의 스위프트 코드 입력
- **계좌 번호**: 위에서 선택한 은행의 계좌번호를 하이픈 없이 입력
- **계좌 번호 재입력**: 위에서 입력한 계좌번호와 똑같이 입력확인차

[국내 은행 영문명과 SWIFT CODE]

은행명	영문명	SWIFT CODE
국민은행	KOOK MIN BANK	CZNBKRSE
경남은행	KYOUNGNAM BANK	KYNAKR22
광주은행	THE KWANGJU BANK, LTD.	KWABKRSE
농협	NONGHYUP BANK	NACFKRSEXXX
대구은행	DAEGU BANK	DAEBKR22
부산은행	BUSAN BANK	PUSBKR2P
수협	NATIONAL FEDERATION OF SIFHERIES COOPERATIVES	NFFCKRSE
신한은행	SHIN HAN BANK	SHBKKRSE
우리은행	WOORI BANK	HVBKKRSE
우체국	KOREA POST OFFICE	SHBKKRSEKPO
전북은행	JEONBUK BANK	JEONKRSE
제주은행	JEJU BANK	JJBKKR22
카카오뱅크	CITIBANK KOREA INC-KAKAO	CITIKRSXKAK

케이뱅크	CITIBANK KOREA INC	CITIKRSXKBA
한국은행	BANK OF KOREA	BOKRKRSE
한국씨티은행	CITIBANK KOREA	CITIKRSX
한국수출입은행	THE EXPORT IMPORT BANK OF KOREA	EXIKKRSE
IBK기업은행	INDUSTRIAL BANK OF KOREA	IBKOKRSE
KDB산업은행	KOREA DEVELOPMENT BANK	KODBKSE
KEB하나은행(구외환은행)	KEB HANA BANK	KOEXKRSE
SC제일은행	STANDARD CHARTERED BANK KOREA LIMITED	SCBLKRSE

● SC제일은행은 300달러 이하일 경우 다른 은행보다 수수료 혜택이 더 크다.

[SWIFT CODE 란]

Society for Worldwide Interbank Financial Telecommunications의 약자로서 해외에 있는 은행으로 송금을 할 때 세계의 은행을 구별하기 위한 일종의 식별 코드이다. BIC Bank Identifier Code_은행식별부호라고도 하며, 앞에 4자리는 해당 은행 고유 코드 Bank Code, 그다음 2자리는 국가 코드 Country Code - 한국은 KR, 일본은 JP, 미국은 US, 중국은 CN, 호주는 AU, 그다음 2자리는 도시 코드 Location Code - Seoul은 SE를 나타낸다. 그리고 마지막에 Branch code 3자리가 있는 경우도 있다.

지금까지 유튜브 채널 개설, 기획, 촬영, 편집 그리고 수익 창출을 위한 애드센스 핀 PIN 번호 등록 및 수익금 받을 계좌 등록에 관한 수익 창출 기능 사용하는 것까지 살펴보았다. 여기까지 잘 따라왔다면 성공적인 유튜버가 되기 위한 초석은 다져진 것이다. 이제부터는 독자 여러분의 몫이다. 어떻게 하면 자신의 채널이 많은 사람에게 관심을 끌 수 있는지, 어떻게 하면 좋은 채널이라는 찬사를 받을 수 있는지에 대한 숙제를 잘 풀어가길 바란다.

유튜브 채널로 성공하는 일은 결코 만만한 일이 아니다. 적어도 몇 년 동안 엄청난 스트레스를 겪어야 할지도 모른다. 그렇기 때문에 처음 시작하는 분들은 이러한 것들에 대해 단단한 각오가 되어 있어야 함을 기억하길 바란다. 물론 이것은 직접 경험하면서 느끼는 것들이다. 실제 경험을 통해 발전하는 여러분이 되길 바라며, 성공이란 달콤한 맛도 느껴 보길 바란다.

네몬 스튜디오

주소 서울 중랑구 봉우재로 41길 11 상봉스카이타워 B101
예약 www.네몬.com · 문의 010 8287 9388
인테리어 시공 문의 010 3302 4858(디자인문)

모든 영상 콘텐츠 촬영이 가능한 멀티 네몬 스튜디오 렌탈(45평)

- 푸드 영상 콘텐츠(유튜브) 촬영
- 인물 · 뷰티 · 제품 촬영
- 그린 · 블루 · 화이트 스크린
- 크로마키 호리존(6x4x3)
- 150인치 대형 영상 스크린
- DSLR 및 촬영장비 무상 대여
- 파티 · 세미나 · 모임 공간 활용
- 업계 가장 합리적인 렌탈 비용

■ 키친 바

■ 크로마키 호리존(6x4x3)

■ 화이트 & 블랙(양면) 스크린/150인치 시네마(세미나) 룸

■ 다양한 촬영장비

■ 카페형 스튜디오

나는
뷰티 크리에이터를
꿈꾼다

초판 1쇄 인쇄 2021년 9월 1일
초판 1쇄 발행 2021년 9월 8일

지은이   신채원, 이용태
편집이사   이명수
출판기획   정하경
편집부   김동서, 위가연
마케팅   박명준, 이소희   온라인마케팅 박용대
경영지원   최윤숙

펴낸곳   북스타
출판등록   2006. 9. 8 제313-2006-000198호
주소   파주시 파주출판문화도시 광인사길 161 광문각 B/D
전화   031-955-8787   팩스   031-955-3730
E-mail   kwangmk7@hanmail.net
홈페이지   www.kwangmoonkag.co.kr
ISBN   979-11-88768-42-4   13000
가격   27,000원

저자와의 협약으로 인지를 생략합니다.
잘못된 책은 구입한 서점에서 바꾸어 드립니다.